BEI GRIN MACHT SICH IHR WISSEN BEZAHLT

AF166217

- Wir veröffentlichen Ihre Hausarbeit, Bachelor- und Masterarbeit

- Ihr eigenes eBook und Buch - weltweit in allen wichtigen Shops

- Verdienen Sie an jedem Verkauf

Jetzt bei www.GRIN.com hochladen und kostenlos publizieren

Sabine Gramm

Menschenkenntnis. Kernkompetenz im Human Resources Management

Das Enneagramm und die Differentielle Kommunikationspsychologie nach Prof. Schulz von Thun in der Personalentwicklung

GRIN Verlag

Bibliografische Information der Deutschen Nationalbibliothek:

Die Deutsche Bibliothek verzeichnet diese Publikation in der Deutschen National-
bibliografie; detaillierte bibliografische Daten sind im Internet über http://dnb.d-
nb.de/ abrufbar.

Impressum:

Copyright © 2007 GRIN Verlag, Open Publishing GmbH
Druck und Bindung: Books on Demand GmbH, Norderstedt Germany
ISBN: 978-3-656-67011-7

Dieses Buch bei GRIN:

http://www.grin.com/de/e-book/274887/menschenkenntnis-kernkompetenz-im-
human-resources-management

GRIN - Your knowledge has value

Der GRIN Verlag publiziert seit 1998 wissenschaftliche Arbeiten von Studenten, Hochschullehrern und anderen Akademikern als eBook und gedrucktes Buch. Die Verlagswebsite www.grin.com ist die ideale Plattform zur Veröffentlichung von Hausarbeiten, Abschlussarbeiten, wissenschaftlichen Aufsätzen, Dissertationen und Fachbüchern.

Besuchen Sie uns im Internet:

http://www.grin.com/

http://www.facebook.com/grincom

http://www.twitter.com/grin_com

Sabine Gramm

Menschenkenntnis -

Kernkompetenz im

Human Resources Management

Das Enneagramm und die
Differentielle Kommunikationspsychologie
nach Prof. Schulz von Thun
in der Personalentwicklung

Vorwort zum Fachbuch

Menschenkenntnis – Kernkompetenz im Human Resources Management

Das Enneagramm und die Differentielle Kommunikationspsychologie nach

Prof. Schulz von Thun in der Personalentwicklung

In den letzten Jahren wurde ich immer wieder nach einer Veröffentlichung meiner
disziplin- und hochschulübergreifenden Diplomarbeit über die **theoretische Verbindung** des **Enneagramm** mit den **Kommunikationsstilen Schulz von Thun's** und
deren **praktische Anwendung im Business** gefragt. Lange Zeit wusste ich nicht, wie
ich dies handhaben sollte, weil mir nicht alles veröffentlichbar schien. Den diesjähri-
gen **1. deutschsprachigen Enneagramm-Kongress** in Mainz vor Augen, bei dem
ich den Vortrag *„Das Enneagramm in der Personalentwicklung"* halten darf, hielt
ich Rücksprache mit dem GRIN-Verlag, welcher schon meinen Projektbericht *„Das
Enneagramm als praktisches Instrument beruflicher Persönlichkeitsprofilierung
im Talent Management"* veröffentlich hat. Es wurde mir die einfache Möglichkeit
eröffnet, ein Fachbuch daraus zu machen und dabei selbst zu entscheiden, was ich
veröffentlichen möchte, was aufgenommen, weggelassen und hinzugefügt wird. Und
dies soll hiermit geschehen.

Dieses Fachbuch ist im Inhalt der **Original-Wortlaut meiner betriebswirtschaftlichen Diplomarbeit** aus dem Jahr 2007 für die AKAD-Hochschule in Stuttgart. **Dis-
ziplinübergreifend** ist sie deshalb, weil sich in ihr die beiden Fachrichtungen **Betriebswirtschaft** und **Psychologie** zusammen finden, eine Betriebspsychologie sozusagen. **Hochschulübergreifend** ist sie aus dem Grund, weil ich im Wintersemester
2006/07 gleichzeitig ein **Gaststudium an der Universität Hamburg** bei Professor
Schulz von Thun absolvierte, was eine Folge meines Interviews im Vorfeld dieser
Diplomarbeit mit ihm war.[1] Ich erwarb einen Schein für seine Vorlesungsreihe
„Kommunikation, Persönlichkeit und Beruf", indem ich unter anderem eine Hausarbeit bei ihm einzureichen hatte. Diese Arbeit, der ich den Titel *„Differentielle Persönlichkeitspsychologie und Enneagramm"* gab, hat Professor **Schulz von Thun** in

---

[1] Siehe Anhang I, S. 81.

einem persönlichen Schreiben vom 20.06.07 an mich mit den Worten: *"... bieten Sie auf hohem gedanklichen, sprachlichem und visuellem Niveau eine Zusammenschau unterschiedlicher und doch verwandter Systeme zur Einteilung des ‚Menschlichen'. Sehr lehrreich zu lesen! Sie kommen dabei zu interessanten Erkenntnissen, denen ich im Großen und Ganzen zustimme....*"[2] kommentiert. Den Inhalt dieser Hausarbeit habe ich dann mit Wissen meiner Stuttgarter Professoren 1:1 in diese Diplomarbeit eingebaut, es handelt sich um die Seiten 22-49 des vorliegenden Fachbuchs. Insofern ist es ein stückweit auch eine **hochschulübergreifende** Diplomarbeit zwischen der **psychologischen Fakultät der Universität Hamburg** und dem **betriebswirtschaftlichen Studiengang der AKAD Hochschule Stuttgart** geworden. In der Hausarbeit für die Universität Hamburg hatte ich zudem neben den typologischen auch die systemische Verknüpfung zwischen dem Enneagramm und der Differentiellen Kommunikationspsychologie aufgezeigt, sowie eine weitere Verbindung zu den **vier seelischen Himmelsrichtungen nach Riemann/Thomann**, die ich damals aus Platzgründen[3] nicht mit in die Diplomarbeit übernommen habe. Sie können diese Erweiterungen bei Interesse in der Ausgabe 41 der Zeitschrift **EnneaForum** vom Mai 2012 oder direkt auf der Homepage des Ökumenischen Arbeitskreises Enneagramm **ÖAE e.V.** www.enneagramm.eu unter dem Stichwort *„Enneagramm und Wissenschaft"* finden. Außerdem ist sie in englisch unter dem Titel *„The Enneagram and Schulz von Thun's Psychology of Differential Communication"* im **Enneagram Journal** 2012, einer Fachzeitschrift der International Enneagramm Association **IEA** abgedruckt.[4] Im Juli 2013 durfte ich außerdem bei der IEA Global Conference in Denver/Colorado einen Vortrag zu diesem Thema halten, der als podcast beim IEA erhältlich ist: *„Comparing the Enneagram and Schulz von Thun's Psychology of Differential Communication results in a new view of the symbol"*. Damals berichtete ich auch über die Forschungsergebnisse meiner Studien zu diesem Thema, die wiederum Bestandteil dieses Fachbuches sind. Ich werde im Verlauf dieses Artikels noch einmal darauf zurück kommen.

---

[2] Brief befindet sich in meinem Privatbesitz.
[3] Für die Diplomarbeit war eine Bestimmte Seitenanzahl als Obergrenze vorgegeben, die ich sowieso schon übertraf.
[4] Über den Buchhandel erhältlich.

In der nahen Zukunft werden diese Verknüpfungen außerdem zusammen mit weiteren spannenden Übereinstimmungen von Systemen, z.B. den **Psychologischen Typen nach C. G. Jung** in meinem Buch „*Menschliche Grammatik II*" im Detail dargelegt werden.[5] Vorab ist ein Auszug speziell für die Verknüpfung mit den Psychologischen Typen Jung's in Form einer englischen Schrift für den europäischen und amerikanischen Buchmarkt geplant. Somit wird es bald für alle Interessierten in nah und fern einen gangbareren Weg geben, sich mit diesen integralen Ideen zu beschäftigen, um sie zu verifizieren, falsifizieren oder gemeinsam konstruktiv weiter zu entwickeln.

Weshalb ich mehrere Modelle verwende? Meiner Erfahrung nach **eignet sich nicht jedes Modell gleich gut für jede Anwendung.** Ich denke dabei insbesondere an die verschiedenen Soft Skills-Bereiche Selbsterkenntnis, Persönlichkeitsentfaltung und –entwicklung, Menschenkenntnis, Kommunikation, Konfliktklärung, Beziehungsgestaltung und Teamentwicklung. Und **nicht jeder hat einen gleich guten Zugang zu jedem der Modelle.** Naturgemäß gibt es individuelle Unterschiede in den Denkstrukturen, die den Zugang zu einem Modell erleichtern und zu einem anderen erschweren können und dann ist es für meine Praxis gut, wenn ich in das Modell wechseln kann, welches meinem Klienten zugänglicher ist. Manchmal macht es sogar mitten in einem Prozess Sinn, in ein anderes System zu springen, wenn der Ablauf ins Stocken gerät. Dann ist es gut, wenn man **die Perspektive wechseln** und das Geschehen von einem anderen Standort, mit einem **anderen Blickwinkel** und **einem anderen gedanklichen Fokus** über einen **weiteren Ansatz** beleuchten kann. Jedes Modell beinhaltet, bedingt durch den hohen Abstraktionsgrad gegenüber der Wirklichkeit, eigene Darstellungsschwerpunkte und weist dementsprechend naturgemäß auch Beleuchtungslücken auf und hat Erklärungsgrenzen (wie gelangt das Charaktermuster 7 des Enneagramm in den Fühlbereich?). Und dann ist es gut zu wissen, welche Charaktermuster in den einzelnen Modellen einander entsprechen und wie die systemischen Zusammenhänge sind, um einen reibungslosen Perspektivenwechsel zu ermöglichen.

---

[5] Geplantes Erscheinungsdatum: Mitte 2015 oder früher.

Seit ich 1998 in Berlin mein erstes Menschenkenntnis-Seminar besucht habe[6], konnte ich mich mit vielen Modellen beschäftigen. Dabei durfte ich die Erfahrung machen, dass es viele brauchbare Modelle gibt, aber auch unausgegorene und dass die wirklich Guten einander nicht widersprechen, sondern sich im Gegenteil sogar gegenseitig bestätigen. Denn letztendlich sind alle wirklich zu Ende gedachten Systeme auf ihre jeweils eigene Art und Weise und mit eigenem Vokabular bei den selben Wahrheiten psychischer Grundstrukturen gelandet, die eben so sind, wie sie sind: **viele Wege führen nach Rom.**

Was ich an den von mir favorisierten Systemen schätze ist ihre Kompatibilität untereinander bezüglich der Charaktere, die praktisch gut handhabbare Anzahl von 8-9 Mustern, welche aber nicht starr sind, sondern weitere Verfeinerungen zulassen. Außerdem schätze ich die Dynamik in den Systemen (z.B. Flügel beim Enneagramm, Teufelskreise bei der Differentiellen Kommunikationspsychologie, Hilfsfunktionen bei den Psychologischen Typen), die neben der reinen Diagnose Wege zur persönlichen Weiterentwicklung aufzeigen. Für mich ist die Arbeit mit nur einem Modell deshalb nicht mehr denkbar! Während meiner Arbeit sind mir immer alle präsent und fließen ineinander über. Wenn ich ein Charaktermuster denke, denke ich es integral in all' meinen kompatiblen Systemen gleichzeitig.

Ein weiterer Vorteil der integralen Verbindung der Systeme liegt darin, dass **sie gegenseitig ihre blinden Flecken eliminieren, Einseitigkeiten in den charakterlichen Betrachtungen sich wechselseitig ergänzen und zu starke Ausdifferenzierungen in einseitige Denkrichtungen einzelner Systeme relativiert werden.** Es ist, als ob man mehrere Schablonen übereinander legen würde, die dann im Ergebnis sehr scharfe Bilder der einzelnen Charaktere entstehen lassen. Beispiel: Im Enneagramm wird beim 4-er Charaktermuster vor allem der künstlerische Aspekt betont, bei Schulz von Thun der bedürftig-abhängige und bei Jung der sinnliche: alle drei finden zueinander in dem Grundthema dieses Typs: der Sensibilität.

---

[6]   Biostruktur-Analyse nach Schirm.

„All models are wrong, but some are useful."[7] Für mich ging es nie darum, die Wirklichkeit zu verwenden, um Modelle zu beweisen. Mein Fokus liegt darauf, Modelle zu finden, die helfen die die innere und äußere Wirklichkeit zu verbessern. Dabei ist es mir weniger wichtig, als wie „richtig" wir Modelle mit unserem begrenzten Bewusstsein ansehen. Wichtiger ist mir, dass sie gut genug sind, um in der Anwendung einen signifikanten Unterschied für das Leben zu bewirken. Mein Anspruch an Modelle ist hauptsächlich der, dass sie **logisch nachvollziehbar** und **einfach anwendbar nachweislich zur Verbesserung menschlicher Beziehungen am Arbeitsplatz und anderswo beitragen**. Dass sie **komplex und einfach zugleich sind**, auf einem **einfachen Grundsystem** basieren, das Tiefgang hat und nicht nur diagnostisch einen Ist-Zustand aufzeigen, sondern auch **Wege kreativer Lösungsmöglichkeiten** für innere und äußere Spannungen. Außerdem lege ich Wert darauf, dass sie durch ihre Wahrhaftigkeit nach Jahren der Beschäftigung damit auch für mich immer noch spannend bleiben. All das habe ich in der Kombination des **Enneagramm** mit der **Differentiellen Kommunikationspsychologie**, den **seelischen Himmelsrichtungen nach Riemann/Thomann**, den **Jung'schen Typen** und den **vier Elementen nach Empedokles** gefunden.

Was mir in diesem Zusammenhang noch wichtig ist zu sagen ist der Hinweis auf meinen persönlichen Bewusstseinsentwicklungsprozess, der sich momentan folgendermaßen in Worte fassen lässt: ich sehe alle Charaktermuster in jedem als Anlage vorhanden. Theoretisch ist alles in jedem und jeder kann alles sein. Bedingt durch persönliche Eignungen, Neigungen und die Einflüsse des direkten persönlichen Umfelds hat jeder und jede einzelne von uns in der Kindheit damit begonnen, sich einen Bewusstseinszustand zu erobern und noch ein paar andere in geringerer Ausprägung als Unterstützung. Solange wir nicht tiefer blicken, meinen wir das und nur das zu sein und identifizieren uns damit als unserem naturgegebenen Charakter, dem wir mehr oder weniger erliegen. Doch wenn wir damit anfangen, zum Beispiel mit Hilfe von Persönlichkeitsmodellen, tiefer in uns selbst zu blicken, erkennen wir, dass da noch viel mehr in uns steckt, was zum Leben erweckt werden will. Dann beginnt der spannende Weg der bewussten, eigeninitiativen und erwachsenen Persönlichkeits-

---

[7]   George Box: *„Alle Modelle sind falsch, aber manche sind nützlich."*

entwicklung. Im Endeffekt geht es meiner Meinung nach darum, alle Charaktermuster in sich zu hoher Qualität zu entwickeln, um ganz und heil zu werden. Damit werden wir dann zu *„Unbestimmten“*, die jedes Typisierungsmodell gänzlich verlassen haben. Ob das wirklich erreichbar ist, weiß ich noch nicht, aber ich strebe es an und allein das ist schon wertvoll. Dabei ist jeder Schritt in diese Richtung ein Gewinn, der im Endeffekt immer unglaublich gut tut, auch wenn es auf Anhieb nicht immer leicht ist, ihn zu gehen. Eigene Schattenbereiche im eigenen Innern zu beleuchten, kann erst einmal weh tun, bis das Licht so tief vorgedrungen ist, dass der darin verborgene Schatz erstrahlt. Weil in jedem alle menschenmöglichen Gedanken-, Gefühls und Verhaltensmuster zumindest als Potenziale vorhanden sind, spreche ich nicht mehr gerne von Typen, sondern lieber von **unterschiedlichen Perspektiven, Beobachtungskategorien, Lebensstrategien, Gedanken-, Gefühls-, Kommunikations-** oder **Verhaltensmustern, Blickwinkel** auf die Welt oder **Bewusstseinsqualitäten**, die Menschen temporär einnehmen können.

Doch zurück zu dem vorliegenden Fachbuch: die eigentliche Diplomarbeit liegt diesem Buch also unverändert zugrunde, inklusive der empirischen Studie unter Federführung der AKAD-Hochschule in Stuttgart. Hierbei waren Mitarbeiter des Unternehmens GRAD° GmbH aus Ettlingen[8] mit dem damaligen Geschäftsführer Martin Weinbrenner, sowie Führungskräfte des Unternehmens Physik Instrumente PI GmbH & Co KG aus Karlsruhe unter Federführung der Personalabteilung, namentlich Frau Annette Reitz, beteiligt.

Aus dem **Anhang** jedoch, der so umfangreich wie die Arbeit selbst war, wurden aus Kostengründen, damit das Buch nicht zu teuer wird, aber auch aus Erwägungen des Copyrights und inzwischen erfolgter Weiterentwicklungen folgende Inhalte **herausgenommen:**

- die **Seminarskripte**,
- der **Fragebogen zur Evaluation**,
- die **mathematischen Auswertungstabellen** hierzu.

---

[8]   Inzwischen in einem größeren Firmenverbund aufgegangen

Weiterhin enthalten sind neben dem vollständigen **Literaturverzeichnis**

- das Interview mit **Prof. Schulz von Thun,**
- das Interview mit Unternehmer **Gerhard Gramm,**
- der Fragebogen zum **Coaching mit dem Enneagramm**[9],
- die bei der Auswertung aufgefallenen **Besonderheiten**, welche nicht gefragt waren und doch spannend zu wissen sind,
- die **Original-Stimmen der teilnehmenden Probanden** in anony-
mi-   sierter Form, sowie
- die rechtlich notwendige **persönliche Erklärung.**

Hinzugekommen sind:

- Eine Zusammenfassung der Gutachten der beiden bewertenden Professoren **Dr. Hans Peter Kempkes** und **Dr. Ulrich Kreutle.**
- Die Ergebnisse einer weiteren Studie: „**KIT-Fusion und verbesserte Arbeitsbeziehungen**". Sie wurde von mir konzipiert und 2011 mit Führungskräften des Karlsruher Instituts für Technologie **KIT**[10] durchgeführt und enthielt neben der Menschenkenntnis und Kommunikation auch das spannende Thema Organisationskulturentwicklung. Die Federführung oblag der Personalentwicklungsabteilung, namentlich **Dr. Anke Diez** und **Ernst Aumüller.**

Diese zweite Studie ist eine direkte Fortführung des vorliegenden Konzeptes dieser Diplomarbeit. Nach meinem Studium war ich erst noch einmal in die **Lehre** an das **Schulz von Thun Institut** in Hamburg gegangen, und durfte dort von Schulz von Thun und seinem Mitarbeiterstab des Arbeitskreise Kommunikation und Klärungshilfe eine tiefgründige Weiterbildung zur *Kommunikationsberaterin, -trainerin und -coach für Verständigung und Menschenführung im beruflichen Bereich* erfahren. Zudem erwarb ich ein Zertifikat zur *EnneaMotion and Somatic Focusing Trainerin and Coach* in Loveland/Colorado bei **Andrea**

---

[9]   Weil dieser sich bis heute wenig verändert hat und ich ihn als Anregung bewusst zur Verfügung stellen möchte.

[10] Ein Zusammenschluss der Universität Karlsruhe und des Forschungszentrums Karlsruhes zur derzeit größten europäischen Forschungseinrichtung mit über 8.000 Mitarbeitern.

Isaacs[11]. Daneben beschäftigte ich mich immer weiter mit dem Thema Menschenkenntnis theoretisch und praktisch.

Daraus entstand das kompakte Personalentwicklungskonzept

ProFIEL® mit den Bausteinen

Fundierte Selbsterkenntnis,

Individuelle Persönlichkeitsentfaltung,

Elementare Menschenkenntnis und

Lebendige Kommunikation.

Es beinhaltet **4 Trainingstage** und **3 Coachingeinheiten** je Teilnehmer, was gemäß der Studien zu einem signifikanten Anstieg bezüglich **Zufriedenheit** und **Arbeitsergebnis** innerhalb weniger Monate in den evaluierten Beziehungen führt.[12] Desweiteren sind daraus die **Ausbildungen** zum **Expert in Human Nature** (die 6. Ausbildungsstaffel konnte im September letzten Jahres beendet werden) und **ProFIEL**®**-Coach** entstanden. Weitere Informationen und Kontaktdaten wollen Sie bei Bedarf bitte meiner Homepage **www.pro-gramm.de** entnehmen.

Ich freue mich sehr, dass Sie dieses Buch zur Hand genommen haben, weil ich mich mit allen Menschen verbunden fühle, die auf der Suche nach mehr menschlichem Verständnis und Miteinander sind. Seit meiner Diplomarbeit durfte ich durch die vielen Seminare, Tagungen, Kongresse, Coachings und Gespräche eine zunehmende Offenheit diesen Themen gegenüber erfahren. Diese Woche erreichte mich gar eine erste Anfrage aus dem Bankenbereich für einen Vortrag vor großem Publikum über das Enneagramm, weil man dieses Modell auf meiner Homepage entdeckt hatte. Ursprünglich war nur das Thema Konflikte vereinbart gewesen. Aber natürlich referiere ich auch sehr gerne über das Thema **Konfliktlösung mit dem Enneagramm**. Dabei kann ich das tun, was mir am liebsten ist: Menschenkenntnismodelle mit deutscher Kommunikationswissenschaft verbin-

---

[11] Co-Trainerin von Russ Hudson am Enneagram Institute World Headquarters in New York.
[12] Vgl. S. 50 – 74 und Anhang

den. Auf internationalem Parkett durfte ich die Erfahrung machen, dass dieses Thema im Business bereits wesentlich offensiver angegangen wird. Die Südafrikaner **Dirk Cloete** und **Lucille Greeff** haben das IT-basiertes Personalentwicklungskonzept *Integrative Enneagram* für Großfirmen erarbeitet, mit dem sie beispielsweise die Mitarbeiter von Boeing profilieren und Konflikte in Abteilungen lösen dürfen. Der Däne **Claus Roager Olsen** füllt ganze Hallen mit seinem *Enne@Sales-program*. Die US-Amerikanerin Susan Olesek geht in Gefängnisse und hilft mit ihrem *EnneagramPrisonProject EPP* Schwerverbrechern, ihre Persönlichkeit hin zu einem gesunden sozialen Verhalten zu entwickeln. Die weltweite **Enneagram-Community** ist eine spannende, lebendige und wachsende Gruppe hoch motivierter, sehr gut ausgebildeter und innovativer Menschen, die am Puls der Zeit mitwirken. Ähnliches konnte ich bisher leider in keiner anderen Menschenkenntnis-Modell-Szene erleben. Allerdings fand vor wenigen Tagen der **1. europäische Integrale Kongress** in Budapest statt, von dem gemäß der Berichte eine ähnlich inspirierende Aufbruchstimmung ausgeht. Basis ist die *Integrale Theorie* des US-Amerikaners **Ken Wilber**, dessen Konzept auf 5 Säulen beruht. Eine davon ist Menschenkenntnis ist und gründet auf dem Enneagramm und der Jung'schen Typologie. Meinen Beitrag innerhalb dieser Communities sehe ich in der Verknüpfung der Modelle miteinander zu einem Integralen Modell, welches Inhalt des Buches *Menschliche Grammatik III* werden wird und der Verbindung nach Deutschland, wo diese Erkenntnisse glücklicherweise auch immer mehr nachgefragt werden.

Sie und ich, wir leisten unseren Beitrag dazu: ich, indem ich das Buch geschrieben habe und Sie, indem Sie es lesen. Dabei wünsche ich Ihnen ganz viel Freude und jede Menge guter Aha-Erlebnisse und freue mich auf Ihr Feedback, Ihre

Sabine Gramm

Ettlingen im Juni 2014

Sabine Gramm

KONZEPT

ZUR FÖRDERUNG VON

MENSCHENKENNTNIS

ALS KERNKOMPETENZ IM

HUMAN RESOURCES MANAGEMENT

Diplomarbeit, vorgelegt zur Erlangung des Zeugnisses über die Diplomprüfung im Studiengang Betriebswirtschaft der AKAD-Fachhochschule Stuttgart.

Betreuender Fachhochschullehrer: Prof. Dr. Hans-Peter Kempkes

Ettlingen, den 20. Juli 2007

Inhaltsverzeichnis:

Konzept zur Förderung von Menschenkenntnis

als Kernkompetenz im Human Resources Management

ABBILDUNGSVERZEICHNIS

TABELLENVERZEICHNIS

VORWORT

Die vorliegende Diplomarbeit wäre ohne die vielen Geburtshelfer, denen mein herzlicher Dank an dieser Stelle gilt, nicht möglich gewesen. Es ist mir ein Anliegen, stellvertretend für alle, einige von Ihnen namentlich zu erwähnen.

Die integere Geschäftsführer der Firma GRAD° GmbH Kopiersysteme, Ettlingen, Martin Weinbrenner. Beide nahmen zusammen mit ihrer Mitarbeiterin Heiderose Schroth engagiert an der Studie teil und standen mir in allen technischen und organisatorischen Belangen mit Rat und Tat zur Seite. Außerdem stellten sie unserer Studiengruppe ihre professionellen Kopiergeräte sowie den technisch perfekten und schönen Seminarraum zur Verfügung.

Meine kompetente Freundin Annette Reitz, Personalchefin der Physik Instrumente GmbH & Co. KG in Karlsruhe, die mir vorab Gelegenheit gab, die projektierte Studie bei ihren Mitarbeitern zu präsentieren. Dabei konnten als Probanden gewonnen werden: die sensible Gabriela Kolbe, der kritische Frank Hofmann und der unnötig bescheidene Daniel Berwanger. Ebenso auch Bernhard Geyer der mit seinem genauen Blick die ganze Arbeit noch mal kontrollierte. Sie alle sind mir in der Zeit intensiven Beisammenseins ans Herz gewachsen und haben diese Arbeit mit Leben erfüllt.

Karin Bartels, eine meiner ersten Seminarteilnehmerinnen und treue Weggefährtin, die bei wichtigen Erkenntnisschritten an meiner Seite war und Korrekturarbeiten übernahm. Meine außergewöhnliche Freundin Bettina Wentzel, die an allem Anteil nahm, korrigierte, kritisierte und mich durchhalten ließ, indem sie mir mit ihrer Begeisterung immer wieder zeigte, dass dieses innovative Thema zu bewältigen ist. Nicht zuletzt auch ihr großartiger Ehemann Dirk, stellte als tatkräftiger Ruhepol eine menschliche und geistige Bereicherung für mich dar.

Danken möchte ich auch meinem Ehemann Alexander, der mir Ansporn war, mich mit dem Thema Menschenkenntnis intensiv auseinander zu setzen und mir Zeit und Raum gab, es umzusetzen. Und am herzlichsten danke ich meinen beiden lieben Kindern Rebecca und David, die immer zu mir stehen und mich durch ihre Selbständigkeit unterstützen.

Und ohne die wissenschaftlich-ganzheitliche Kompetenz von Professor Kempkes hätte ich es nicht gewagt, einen interdisziplinären Ansatz in Erwägung zu ziehen. Alle Genannten, und auch noch so manch Ungenannte, sind direkte und indirekte Bestandteile dieser Arbeit geworden.

Sabine Gramm   Ettlingen, den 20. Juli 2007

Erst, wenn ich weiß,

wer ich bin,

kann ich danach handeln

[Aristoteles]

1.   EINLEITUNG

1.1   BEGRÜNDUNG DER THEMENWAHL

Die umweltbedingten Grenzen unseres Wirtschaftens werden zunehmend deutlicher erkennbar, neue Wirtschaftsräume drängen auf den internationalen Markt und der demografische Wandel in Deutschland erhöht zusehends den Altersdurchschnitt der arbeitenden Bevölkerung. Schon wird vom „War for aged talents"[13], vom Kampf um die reiferen Talente, zur Bewältigung der nahen Zukunft gesprochen. Die sensibelste, wertvollste und zugleich wichtigste Unternehmensressource „Mensch" rückt aufgrund dieser Faktoren immer mehr ins Zentrum des Interesses, und damit einhergehend der zuständige Unternehmensbereich. Ehemals verwaltete ein reaktives Personalwesen passiv seine Mitarbeiter[14], heute coacht ein innovatives Human Resources Management[15] (HRM) aktiv seine Teams. Auf dem Weg zur globalisierten Informations- und Wissensgesellschaft kommt somit dem Management eine Schlüsselposition zur Bewältigung der ökologischen Herausforderungen, der Veränderungen im kontinentalen Wettbewerb und auch der menschlichen Werteverschiebungen zu.[16]

Kein Unternehmen der industrialisierten Welt kann es sich zukünftig noch leisten, auf die Talente seiner Mitarbeiter zu verzichten. Unternehmen mit integriertem Personalmanagement spüren diese Talente auf und fördern sie ganzheitlich und gezielt. Sie sind damit erfolgreicher als ihre restriktiven Konkurrenten, verfügen über eine höhere Produktivität, platzieren signifikant mehr gewinnbringende Produkte am Markt und haben in der Rezession geringere bzw. keine Absatzrückgänge. Umfang-

---

[13]   Brandenburg / Domschke 2006, Buchtitel.
[14]   Um den Lesefluss nicht zu behindern, wird im weiteren Verlauf auf eine Differenzierung der männlichen und weiblichen Form verzichtet. Selbstverständlich beziehen sich sämtliche Personennennungen wie z.B. Mitarbeiter sowohl auf Frauen als auch auf Männer.
[15]   In Anlehnung an die anglikanische Schreibweise des Gabler Verlages.
[16]   Vgl. Bleicher 2004, S. 13 – 23.

reiche nationale und internationale arbeitsplatzbezogene Studien belegen, dass die personale und soziale Intelligenz den entscheidenden Ausschlag über Erfolg in der Arbeitswelt geben wird.[17] Seit Basel II[18] ist die Qualität von HRM zudem rating-relevant, da die Kreditwürdigkeit eines Unternehmens auch nach Kriterien wie Führungsstil, Kommunikation und Betriebsklima beurteilt wird und somit die Finanzierungskosten auch direkt beeinflusst.[19] Strategisches und nachhaltiges, also langfristig wirksames Personalmanagement wird zunehmend als Wertschöpfungs-Center[20] betrachtet und zukünftig eines der wenigen Unterscheidungsmerkmale gegenüber den Wettbewerbern, das „Zünglein an der Waage", sein. Aus einem partnerschaftlichen und leistungsorientierten Grundverständnis heraus ist HRM als menschenorientierter Werte- und Kulturvermittler auf dem Weg in die strategische Unternehmensleitung, um dort sein größtmögliches Entwicklungs- und Erfolgspotenzial zu entfalten. Personalmanagement ist somit primäre Managementaufgabe geworden, indem es zukunftsorientiert in widerspruchsfreier Kooperation mit der Unternehmensstrategie den Wandel gestaltet. Doch verlangt eine Restrukturierung von Umwelt, Wirtschaft und Gesellschaft und nicht auch eine Erweiterung des Bewusstseins und Veränderung der Blickrichtung?

„Es steht und fällt ja alles mit dem gelungenen Mannschaftsspiel"[21], weiß der Kommunikationswissenschaftler Schulz von Thun aus seiner jahrzehntelangen Beratungstätigkeit in der Wirtschaft zu berichten. Und: „Ohne Menschenkenntnis könnte ich meinen Betrieb gleich zumachen"[22], bringt es ein seit über vierzig Jahren alleinverantwortlich tätiger Unternehmer auf den Punkt. Doch erfordert der verantwortungsbewusste Umgang mit Menschen nicht auch besondere Kompetenzen? Gemäß einer Studie der Akademie für Führungskräfte aus dem Jahre 2003 sprachen 80 % der Befragten den „Soft Skills" wie Methodenkompetenz, Sozialkompetenz und Persön-

---

[17]   Vgl. Hölzerkopf, 2005, S. 8.
[18]   Gesamtheit der Eigenkapitalvorschriften, die vom Basler Ausschuss für Bankenaufsicht vorgeschlagen wurden und gemäß EU-Richtlinien seit dem 1. Januar 2007 in den Mitgliedsstaaten der Europäischen Union in allen Kredit- und Finanzdienstleistungsinstituten angewendet werden müssen.
[19]   Vgl. Weißenrieder / Kosel, S. 16.
[20]   Vgl. Wunderer / Arx 2002, Buchtitel.
[21]   Vgl. Schulz von Thun, Mitschnitt zum Interview 2006, Anhang I.
[22]   Vgl. Gramm, Mitschrift zum Interview 2007, Anhang II.

lichkeitskompetenz eine besondere Bedeutung bei, entscheidender als der Fachkompetenz.[23] Ein Blick in die beruflichen Realität zeigt jedoch, dass es zwar jede Menge „Sachverständige", aber sehr wenige „Menschenverständige" gibt, die die weichen Faktoren wirklich beherrschen. Hohe Fluktuationsraten, Fehlzeiten und „innere Kündigungen" sind nur die Spitze des Eisberges in der Verschwendung menschlicher Ressourcen durch mangelnde Sozialkompetenz und kosten ein Unternehmen viel Geld. Schwelende Dauerkonflikte, Blockadehaltungen und unproduktive Ablenkungsmanöver, z.b. in Form von ergebnislosen Sitzungen, entziehen den zu lösenden Sachaufgaben Zeit und Energie. Auch die Ursachen gescheiterter Beschäftigungsverhältnisse liegen selten in mangelndem Wissen oder Können begründet, sondern vielmehr in der Nichtübereinstimmung von Persönlichkeitsmerkmalen und Anforderungen der Stelle[24]: monetäre, zeitliche und emotionale Kosten, die durch erhöhte Sozialkompetenz reduzierbar wären.

Viel Zeit und Geld wird in eine fundierte Ausbildung der Sachkenntnis gesteckt, durch Zeugnisse und Diplome bestätigt, was zu enormen Produktivitätssteigerungen im letzten Jahrhundert beigetragen hat, jedoch zunehmend an die Grenzen des Machbaren stößt. Eine entsprechende „Menschenkenntnis" wird jedoch bisher als gegeben vorausgesetzt, ohne dass es dazu einer wissenschaftlichen Anleitung bedürfte. Beste Vorhaben scheitern, wenn das Verhalten der Menschen, die diese Vorhaben verwirklichen sollen, nicht von vornherein mit einbezogen wird. Mit Menschen umgehen ist aber nicht nur eine Frage des Talents, sondern will gelernt sein. Für diesen Schritt fehlt bisher oft noch das nötige Bewusstsein. Die Fähigkeit, einen anderen Menschen in seinen Wesenszügen zu erkennen, brachte zu allen Zeiten viele Vorteile.[25] Schon Wilhelm von Humboldt[26] erkannte, dass es kein praktisches Geschäft im menschlichen Leben gibt, das nicht der Kenntnis des Menschen bedürfe[27] und versuchte bereits 1797 mit einer „Theorie zur Menschenkenntnis" den Status einer Wissenschaft zu erlangen. Da es sich um kein geschlossenes System handelte und entsprechende Modelle fehlten, blieben seine Studien Fragmente wie auch der 129 Jahre

---

[23] Vgl. Pinnow 2005, S. 29.
[24] Vgl. Simon 2006, S. 35 f.
[25] Vgl. Schirm 1999, S. 6.
[26] Reformer des deutschen Schul- und Hochschulwesens (1767 – 1835).
[27] Vgl. Humboldt 2002, S. 10.

später unternommene Versuch von Alfred Adler[28]. Allein C.G. Jung[29] fand mit seiner Funktions- und Einstellungstypologie[30] einen systemischen Ansatz, der heute als Grundlage zahlreicher Persönlichkeitsmodelle in der Wirtschaft dient. Die Systematik wird in der vorliegenden Arbeit durch weitere Sichtweisen ergänzt.

Es ist eine Kunst, Menschen mit ihren Talenten, Bedürfnissen und Begrenzungen gerecht zu werden,[31] sie zu fördern und zu fordern ohne sie zu überfordern. Menschenkenntnis als innovative Schlüsselqualifikation in einem strategisch ausgerichteten Human Resources Management: dazu bedarf es eines fundierten und überprüfbaren Fachwissens über die Natur des Menschen und kreativer Methoden zur Umsetzung.

1.2   ZIEL DER ARBEIT

Der Mensch als fachübergreifendes Erklärungsobjekt in den Sozialwissenschaften ist Mittelpunkt der vorliegenden Arbeit. Es wird von der Prämisse ausgegangen, dass menschliches Verhalten bis zu einem gewissen Grade über Persönlichkeitsmodelle verständlicher wird, Menschenkenntnis somit auch eine sachlogische Dimension besitzt. Weiterhin wird angenommen, dass Selbst- und Menschenkenntnis am Arbeitsplatz zur Verringerung der Verschwendung von zeitlichen und menschlichen und somit auch monetären Ressourcen beiträgt und die freiwerdende Energie zur Steigerung des unternehmerischen Erfolgs genutzt wird. Ziel der vorliegenden Arbeit ist es, Menschenkenntnis als strategisch wichtige Erfolgposition der Zukunft, als herausragende Fähigkeit von HRM und somit als eine seiner Kernkompetenzen zu identifizieren und weiter zu entwickeln. Dabei wird anhand einer empirischen Studie in begrenztem Umfang die Hypothese geprüft, inwieweit die Schulung und Anwendung von Selbst- und Menschenkenntnis zur Steigerung von persönlicher Zufriedenheit und produktivem Arbeitsergebnis im Unternehmen beiträgt.

---

[28]   Begründer der Individualpsychologie (1870 – 1937).
[29]   Begründer der Analytischen Psychologie (1875 – 1961).
[30]   Vgl. Jung 1989.
[31]   Vgl. Grün in: Harbig / Klug / Bröcker 2007, S. 30.

1.3   STRUKTUR DER ARBEIT

Das nachfolgende Kapitel ist einer Theorie zur Menschenkenntnis gewidmet. Ausgehend von der Humboldt'schen Sichtweise wird das Thema in der allgemeinen, philosophischen und wissenschaftlichen Dimension erörtert. Aus dem wissenschaftlichen Ansatz heraus erfolgen ein historischer Überblick und eine Systematisierung von Persönlichkeitsmodellen. Daraus werden vier Modelle aus unterschiedlichen Kulturkreisen und verschiedenen Wissenschaftsbereichen näher untersucht, miteinander verknüpft und auf das Betriebsgeschehen übertragen. Da aufgrund dieses interdisziplinär sozialwissenschaftlich-philosophischen Ansatzes Grundlagenwissen beim ökonomisch ausgerichteten Leser nicht vorausgesetzt werden kann, gestaltet sich diese Ausarbeitung etwas umfangreicher, als es für eine Diplomarbeit üblich ist.

Im dritten Kapitel erfolgt ein Bericht über die empirische Untersuchung zu diesem Thema. In einer viertägigen Seminarreihe wurden sieben Probanden mit einer Theorie zur Menschenkenntnis vertraut gemacht und drei Monate lang im Hinblick auf die Verbesserung von insgesamt siebzehn Arbeitsbeziehungen von der Verfasserin gecoacht. An drei Stichtagen wurden Zufriedenheit und Arbeitsergebnis mittels eines standardisierten Fragebogens evaluiert, statistisch ausgewertet und grafisch aufbereitet. Im Anschluss daran sind die Ergebnisse verbal zusammengefasst und Empfehlungen zum nachhaltigen Aufbau von Sozialkompetenz durch Menschenkenntnis in einem Unternehmen daraus abgeleitet: ein Handlungs-Konzept im Sinne eines ersten Entwurfes, eines zu diskutierenden Programms für ein neues Vorhaben.

In den Schlussbemerkungen des vierten und letzten Kapitels wird das Ergebnis durch einen Ausblick in fachübergreifende, kulturelle und globale Bereiche erweitert. Die Diplomarbeit wird im Anhang nach dem Literaturverzeichnis durch zwei Experteninterviews von Kommunikationswissenschaftler Prof. Dr. Friedemann Schulz von Thun und Unternehmer Gerhard Gramm ergänzt. Außerdem finden sich dort die verwendeten Seminarunterlagen der Schulungsreihe, statistische Unterlagen und besondere Auswertungen sowie verbale Bewertungen aus dem Probandenkreis.

Wer einmal sich selbst gefunden,

kann nichts auf dieser Welt mehr verlieren.

Und wer einmal den Menschen in sich begriffen,

der begreift alle Menschen.

[Stefan Zweig]

2. THEORETISCHE BETRACHTUNG ZUR MENSCHENKENNTNIS

2.1 VERSCHIEDENE SICHTWEISEN

Für Wilhelm von Humboldt ist Menschenkenntnis zwischen philosophischer Anthropologie[32], Psychologie[33] und lebensnaher Empirie angesiedelt, wissenschaftstheoretisch und alltäglich-praktisch zugleich. Die nachfolgenden Kapitel sind entsprechend dieser Sichtweise in eine allgemeine, philosophische und wissenschaftliche Betrachtung unterteilt.

2.1.1 ALLGEMEINE BETRACHTUNG

Was ist Menschenkenntnis? Zunächst einmal fällt auf, dass dieser sozialwissenschaftliche Aspekt menschlichen Miteinanders in unserer Kultur vernachlässigt wird, was sich beispielsweise darin ausdrückt, dass kaum eine brauchbare Definition des Begriffes existiert. Gemäß Psychologischem Wörterbuch ist Menschenkenntnis das Insgesamt aller Bemühungen um die Kenntnis und Erkenntnis des Menschen, das Wissen um die charakterliche Wesensart des Menschen.[34] Oder nach enzyklopädischem Lexikon, „das durch anthropologisch-psychologische Studien und im praktischen Umgang mit Menschen erworbene Wissen über den Menschen"[35]. In Ermangelung einer geeigneten Definition in der Literatur wird Menschenkenntnis hier verstanden als die intuitiv-logisch-empirische Fähigkeit, zentrale Persönlichkeitsmerkmale von Einzelpersonen zu erkennen, sie zu verstehen sowie spezifisch drauf reagieren und proaktiv agieren zu können.

---

[32] Griech: Wissenschaft vom Menschen.
[33] Griech: Wissenschaft von dem menschlichen Verhalten und Erleben.
[34] Vgl. Dorsch 2004, S. 592.
[35] Meyers Enzyklopädisches Lexikon 1976, Band 16, S. 65.

Humboldt unterscheidet zwischen spekulativer Menschenkenntnis, der anzustrebende Ideale zugrunde liegen, empirischer Menschenkenntnis, die dem Menschen ein starr gegebenes Naturell zuschreibt und praktischer Menschenkenntnis, die in jedem Individuum eine mögliche Bandbreite der Entwicklung erkennt, wobei er sich letzterer zuordnet.[36] „Wir treiben mit diesen Untersuchungen Menschenkenntnis, eine Wissenschaft, die kaum sonst irgendwie gepflegt wird, die uns aber als die wichtigste und für alle Schichten der Bevölkerung unerlässliche Beschäftigung erscheint."[37] schreibt Alfred Adler[38] 1927. Er sieht Menschenkenntnis als eine Kunst an, die praktisch gelehrt, allen die Möglichkeit einer reiferen seelischen Entwicklung und eines besseren Miteinanders verschaffen kann. Außerdem ist er der Meinung, dass wir alle nicht viel Menschenkenntnis besitzen und sieht es gar als persönlich und gesellschaftlich gefährlich an, Täuschungen in den Absichten anderer zu unterliegen, unbemerkt aneinander vorbei zu reden, fremd nebeneinander zu leben und isoliert gegeneinander zu arbeiten.[39]

Humboldt wie auch Adler erkennen, dass es kein praktisches Geschäft im menschlichen Leben gibt, das nicht der Kenntnis des Menschen bedürfe.[40] Heute ist es allerdings immer noch so, dass Menschenkenntnis meist weder thematisiert noch geschult, sondern stillschweigend vorausgesetzt wird. Unausgesprochen kommt dadurch die Überzeugung zum Ausdruck, sie beruhe auf einer angeborenen Fähigkeit, je nach Talent mehr oder weniger durch Einfühlungsvermögen und Intuition erfahrbar. Darüber hinaus sei sie kein Wissensbereich, der sich durch die Logik des Ver-standes und entsprechendes Handwerkszeug erschließen ließe. Für viele ist Menschenkenntnis einfach eine Gabe des ‚gesunden Menschenverstandes'. Das ist nur bedingt richtig.

Bei der intuitiven Menschenkenntnis des ersten Eindrucks ist im Bruchteil einer Sekunde das unbewusst ablaufende Urteil über einen anderen Menschen abgeschlossen, was sich zunächst oft erst einmal in den beiden archaischen Kategorien „Freund –

---

[36]   Vgl. Humboldt, 2002, S. 46 f.
[37]   Adler 2005, Umschlaginnenseite.
[38]   Schüler von Freud, 1870 - 1937.
[39]   Vgl. Adler 2005, S. 17 – 28.
[40]   Vgl. Humboldt 2002, S. 10.

Feind" oder „gut – schlecht" ausdrückt, somit in großen, groben und wertenden Schubladen. Das schnell arbeitende Gehirn braucht solche Schubladen, um die unzähligen, einzeln erfassten Signale ordnen, auswerten und als Struktur-Muster von Zusammenhängen und Beziehungen der bewussten Wahrnehmung zugänglich machen zu können.[41] Biologisch gesehen ist dies ein äußerst sinnvoller Vorgang.[42] „Einer ernsthaften wissenschaftlichen Überprüfung hält die auf dem ersten Eindruck beruhende Menschenkenntnis allerdings nicht stand; denn es gibt keine allgemeingültigen Normen und die Beweisführung für die Richtigkeit des spontan gefällten Urteils nimmt oft Jahre in Anspruch. Dann erst wissen wir, ob wir uns bei der ersten Begegnung getäuscht haben oder ob wir mit unserem Urteil richtig lagen."[43]

Der erste Schritt zu professioneller Menschenkenntnis zeigt sich darin, einen Maßstab zu finden, an dem andere gemessen werden können, und der allererste Maßstab ist jeder selbst. „Nur aus Kenntnis der eigenen Individualität kann man gültige Maßstäbe gewinnen, an denen man andere messen kann."[44] Menschenkenntnis setzt somit ein gewisses Maß an Selbstkenntnis voraus. Schulz von Thun sagt dazu: „Willst du ein guter Partner sein, dann horch erst in Dich selbst hinein."[45] Danach erst kann der Vergleich untereinander und miteinander einsetzen. Schirm schreibt: „Ihr persönliches ‚Gehäuse' kennen zu lernen, durch dessen Fenster Sie die Welt sehen, ist ein erster und entscheidender Schritt auf dem Wege zu besserer Menschenkenntnis."[46] Der Beobachter muss über Art und Umfang seiner eigenen Persönlichkeit nicht zuletzt auch deshalb hinreichend unterrichtet sein, damit er die subjektive Bedingtheit der Erkenntnisse richtig einzuordnen vermag.[47]

Damit die Realität des Sinneneindrucks und die Vielfalt der Wahrnehmungen und Erkenntnisse geordnet und ausgewertet werden können, braucht es ein Integrationsmodell zur Einordnung der Beobachtungen, ein allgemein gültiges und praktikables Raster für die Beschreibung von Verhaltensregelmäßigkeiten. Dieses System, diese

---

[41] Vgl. Schirm 1999, S.33.
[42] Vgl. Tödter / Werner 2006, S. 10-13.
[43] Dörffler 1995, S. 9.
[44] Schirm 1999, S. 8.
[45] Schulz von Thun 2006/1, Band 2, S. 24.
[46] Schirm 1999, S. 14.
[47] Vgl. Jung 1989, S. 9.

Matrix soll eine bewusste, nüchterne und deutlichere Wahrnehmung von typischen Verhaltensweisen, Handlungsmustern und individuellen Besonderheiten ermöglichen. Gute Wesenszüge und Talente von Menschen sollen damit gezielter identifiziert und gefördert und weniger gute schneller und professionell in Schranken verwiesen werden können. In Humboldts individualisierender Menschenkenntnis findet sich diese Logik folgendermaßen ausgedrückt: „Denn nur, wenn man das Universale der humanen Gattung als Grundlage kennt, lässt sich angemessen das Individuum als Individuum, die Individualität des Subjekts bestimmen."[48]

Stopp ist der Meinung, dass aufgrund gestiegener Rationalität des Menschen im modernen Arbeitsprozess und damit einhergehender Situations- und Rollenbedingtheit menschlicher Handlungen, die Fähigkeit, „Menschen in ihrer Eigenart unmittelbar zu erleben"[49], abgenommen hat. Allein schon deshalb besteht seiner Meinung nach die Notwendigkeit, Menschenkenntnis durch bestimmte Maßnahmen zu erweitern und zu vertiefen, die er in der Schaffung einer theoretischen Basis und planmäßiger Fremdbeobachtung begründet sieht. Er teilt Menschenkenntnis in die Bereiche der Motivpsychologie, Gruppendynamik, Kommunikationswissenschaft, Persönlichkeitspsychologie, Typenlehre und Charakterkunde ein,[50] wobei die vier letztgenannten Inhalt der vorliegenden Arbeit sind. Auch Schulz von Thun sieht die Kunst der Menschenkenntnis innerhalb einer gewissen Bandbreite als erlern- und erweiterbar an, vor allem durch theoretische Persönlichkeitsmodelle und praktische Erfahrung in Selbsthilfegruppen.[51]

2.1.2 Philosophische Betrachtung

Platon[52] ist der Meinung, dass alles, was der Sinnenwelt angehört und physisch in Erscheinung tritt bzw. erfahrbar ist, nach einer zeitlosen Form gebildet wird, die ewig und unveränderlich ist, einem geistigen oder abstrakten Musterbild sozusagen, welches er Urbild nennt. Diese Wirklichkeit einer endlichen Anzahl präexistenter

---

[48] Humboldt 2002, S. 57.
[49] Stopp 2004, S. 30.
[50] Vgl. ebenda, S. 31.
[51] Vgl. Schulz von Thun, Mitschnitt zum Interview 2006, Anhang II, S. 1.
[52] Griechischer Philosoph (427-348 v. Chr.).

Urbilder ordnet er der „Welt der Ideen" zu, in die der Mensch mittels seiner Vernunft Zutritt hat. Beispielsweise bedarf es eines Urbildes „Katze", das als Form allen unterschiedlichen Katzen der Welt zugrunde liegt, die durch ihre gemeinsamen spezifischen Eigenschaften als der Kategorie Katze zugehörig erkannt werden können. Die Form eines Objektes oder auch Subjektes zeigt somit dessen Möglichkeiten aber auch seine Begrenzungen auf. So kann eine Katze nicht zu einem Hund werden. Was für Konkretes wahr ist, muss erst recht für Abstraktes gelten, wie zum Beispiel für die Idee der Gerechtigkeit oder der Ästhetik, die beide klar voneinander abgegrenzt und nicht miteinander vermischt werden können.[53]

Aristoteles[54] geht wie sein Lehrer Platon davon aus, dass es zwischen den wahrnehmbaren Erscheinungen und der unsichtbaren Wirklichkeit keinen Widerspruch geben kann, allerdings sieht er es als Aufgabe der Philosophie, das Unsichtbare anhand der evidenten (offensichtlichen) Erscheinungen zu erklären und nicht umgekehrt. So entsteht für ihn die Kategorie Katze erst nach Betrachten und Wahrnehmen der Realität mit den Sinnen. Mittels seiner geistigen Fähigkeiten ist der Mensch dann in der Lage zu abstrahieren, den gemeinsamen Nenner zu finden, somit den inneren Bau der Natur anhand der äußeren Erscheinungen zu erkennen. Alles andere verweist er in den Bereich der Spekulation.[55] Er geht davon aus, dass alles was ist, danach strebt, sich in der Fülle seiner Möglichkeiten, auf die es hin angelegt ist, zu verwirklichen. Das Streben nach Verwirklichung der in einem Seienden angelegten Gestaltungsmöglichkeiten wird als Entelechie bezeichnet (in Abgrenzung zu Platons Welt der Ideen). Das gilt auch für den Menschen, der danach strebt, so sehr wie möglich zur Entfaltung zu bringen, was er vom Wesen her ist.[56] Demnach wird davon ausgegangen, dass beispielsweise eine Eigenschaft wie machtvolle Führungskraft in einem Menschen von Anfang an grundgelegt ist, also nicht erst durch Erziehung implementiert wird. Und im Laufe des Lebens wird sie sich so weit entfalten und in Erscheinung treten, wie es die äußeren Umstände zulassen. Im Gegensatz zu Platon, der davon ausgeht, dass das Sein der Idee folgt, geht Aristoteles davon aus, dass die Idee

---

[53]   Vgl. Hauk 2003, S. 55 ff.
[54]   Griechischer Philosoph (384-322 v. Chr.).
[55]   Vgl. Hauk 2003, S. 78 ff.
[56]   Vgl. Weischedel 2005, S. 50 ff.

dem Sein folgt, also erst durch die in Erscheinung tretende Macht die Idee von Macht
entsteht.

Für Heidegger[57] stehen diese philosophischen Weltanschauungen in keinem Widerspruch zueinander, er formuliert das Elementare aus ontologischer Sicht[58] in der ihm
eigenen Sprache: „Die Idee von Sein, darauf die ontologische Charakteristik ... zu-
rückgeht, ist die Substanzialität.... Unter Substanz können wir nichts anderes verstehen als ein Seiendes, das so ist, dass es, um zu sein, keines anderen Seienden be
darf."[59] Demnach gibt es Seinsbereiche, die unabhängig voneinander existieren können, einander nicht brauchen und eine in sich abgegrenzte Welt darstellen, „ideelle
Atome" sozusagen. So können sich beispielsweise klare Strukturen sowohl im kris-
tallinen Aufbau eines Diamanten, im Organigramm eines Unternehmens und im
Denken eines Mitarbeiters zeigen oder ästhetische Sensibilität sich in einer Rose und
der Website einer Firma ausdrücken.

Es ist Carl Gustav Jung[60], der die Idee des platonischen Urbildes als Primärmuster in
den menschlich-psychischen Bereich überträgt, er prägt erstmals den Begriff des
„Archetypus".[61] Die Idee elementarer Einheiten der Natur lässt sich demnach in der
Gestalt von Persönlichkeitstypen auch im Menschen wieder finden: „Die Persönlichkeitstypen spiegeln die Bedingungen des Lebens wider, ahmen sie nach und entsprechen ihnen"[62]. Zum Beispiel Gerechtigkeit als universales Prinzip, das sich in Le-
bensgesetzlichkeiten von Ursache und Wirkung genauso ausdrückt wie in menschlichen Charakteren. Menschen, die für Gerechtigkeit stehen, diese sozusagen in Reinheit verkörpern, stehen dem Prinzip von Freiheit und dessen Vertretern dialektisch
gegenüber. Es ist ein ontologisches Tauziehen, das in ein Kräftegleichgewicht finden
will, in eine synthetische Balance sowohl im innerpsychischen Empfinden als auch
in der äußeren Realität. Auch Friedman sieht Menschenkenntnis als Teilaspekt eines
übergreifenden Wissens an, das zeigt, wie die Strukturen der Psyche mit den Ge-

---

[57] Deutscher Philosoph (1889-1976).
[58] Ontologie (griech.): Die Lehre vom Sein.
[59] Heidegger 2001, S. 92.
[60] Schweizer Psychiater und Kulturpsychologe (1875 – 1961).
[61] Vgl. Niederwieser 2002, S. 68 f.
[62] Friedmann 2000, S. 13.

setzmäßigkeiten der Lebenswirklichkeit übereinstimmen[63]. Diese Sichtweise ist Grundlage der vorliegenden Arbeit.

Doch was ist eigentlich ein Typus und was macht ihn aus? Typus[64] ist die einer Gruppe von Personen oder Dingen gemeinsame Grundform oder Urgestalt (Archetyp), auch das prägnanteste Muster (Durchschnittstypus) oder vorbildliche Merkmal (Idealtypus) oder eine Mischung derselben (Realtypus)[65]. „Eine Typisierung von Persönlichkeitsprofilen ermöglicht uns, aus der unendlichen Zahl von Handlungsalternativen die zentralen Motive herauszuschälen. Auf diese Weise gelingt es uns sozusagen den Wald vor lauter Bäumen zu sehen."[66] So entsteht ein gangbarer Weg, die Verschiedenheit in anderen Menschen zu erkennen und damit umgehen zu lernen: Typisierung fördert Menschenkenntnis. Es werden Charaktereigenschaften, die abstrakte Werte widerspiegeln, gebündelt, sozusagen zu einem Paket geschnürt, das einen bestimmten Typus repräsentiert und anderen geschnürten Charakter-Paketen gegenübergestellt. „Man geht hier von einer vorherrschenden Disposition aus, die den einzelnen Menschen vom anderen unterscheidet."[67] Als Mittel der Komplexitätsreduktion und um die Vielfalt von real existierenden Wesensmerkmalen, Wesensinhalten und Verhaltensmustern der jeweiligen Person überschaubar zu machen, zu vereinfachen, zu ordnen, wird ein Gesamtbild vom Menschen gezeichnet.[68] Beispiel: Ein Clown, der oft auch Spieler oder Abenteurer genannt wird und die Werte Humor, Leichtigkeit, Optimismus verkörpert, aber auch Leichtsinn, Verantwortungslosigkeit und Dramaturgiesucht, steht einem diszipliniert Tugendhaften gegenüber mit den Eigenschaften Ernsthaftigkeit, Disziplin und Perfektion, aber auch Pedanterie, Kontrollsucht und Verbissenheit. Erstaunlich dabei ist die Häufigkeit und Ähnlichkeit der Typen, die sich unter jeweils anderem Namen in verschiedenen Systemen wieder finden. Wurde unter einem bestimmten Blickwinkel eine endliche Anzahl von Archetypen identifiziert, ist der nächste Schritt, diese in ein System, ein Modell, einzu-

---

[63]   Vgl. Friedmann 2000, S. 14.
[64]   Griech.: Gestalt, Vorbild.
[65]   Vgl. Wentzel 1999, S. 199; Vgl. Meyers Grosses Taschenlexikon 2001, Band 23, S. 165.
[66]   Tödter / Werner 2006, S. 17.
[67]   Simon 2006, S. 19.
[68]   Vgl. Schanz 2000, S. 57.

ordnen. Die Ergebnisse dieser Erkenntnisprozesse zeigen sich in zahlreichen Persönlichkeitsmodellen von der Antike bis heute.

Es erhebt sich nun die Frage, wie deterministisch die Grenzen zwischen den einzelnen Charaktermustern gezogen sind bzw. wie durchlässig und bunt vermischt die Charaktereigenschaften in Erscheinung treten. Viele moderne Persönlichkeitsmodelle geben ein System gleich einer Matrix vor, in das Menschen sich mit prozentualer Gewichtung der einzelnen Faktoren einordnen können, also jegliche Mischungen möglich sind. So werden beispielsweise bei dem in der deutschen Wirtschaft weit verbreiteten DISG-PERSÖNLICHKEITSPROFIL die Ausprägungen der Verhaltenstendenzen Dominant-Initiativ-Gewissenhaft-Stetig diagnostiziert und es ergeben sich zwanzig verschiedene Mischformen. Ähnlich verhält es sich mit dem ebenso verbreiteten HDI-MODELL[69], was eine fast unendliche Anzahl von Möglichkeiten innerhalb der Ausprägungen Rational-Experimentell-Organisatorisch-Fühlend zulässt, so dass im Ergebnis Charaktermuster wieder zusammen gefasst werden müssen, um von Experten interpretiert werden zu können.

Anders verhält es sich beim Persönlichkeitsmodell ENNEAGRAMM: Hier wird davon ausgegangen, dass jeder Mensch sich einem der neun vorgegebenen Charaktermuster zuordnen kann in dem Sinne, dass er diesen ontologischen Seinsbereich als seine primäre Heimat erkennt mit allen dazugehörigen Stärken und Schwächen, Chancen und Risiken, Potenzialen und Begrenzungen. Es gilt als sehr ausgereiftes und erprobtes System, welches sich nicht nur durch seine lange internationale und transkulturelle Entwicklung, sondern auch durch sein prägnantes, einem Mandala ähnelnden Symbol von den anderen am deutschen Fortbildungsmarkt bekannten Modellen unterscheidet.[70] Es wird von stabilen, klar voneinander abgegrenzten Persönlichkeitstypen ausgegangen, was sich wie ein roter Faden durch die gesamte ENNEAGRAMM-Literatur zieht: „Ich kenne kein einziges Beispiel dafür, dass es bei entsprechender Diagnose nicht früher oder später zu einer eindeutigen Typbestimmung gekommen wäre, noch dafür, dass jemand im Laufe der Zeit seinen Typ gewechselt hätte oder es

---

[69]   Hermann-Dominanz-Instrument.
[70]   Vgl. vorliegende Arbeit, Kapitel 2.4.2.

notwendig gewesen wäre, einen Mischtyp zu diagnostizieren."[71] Solange dieses Phänomen nicht wissenschaftlich untermauert ist, bleibt es eine Hypothese, die erst noch zu beweisen ist, was den Rahmen der vorliegenden Arbeit sprengen würde. Tatsache ist, dass auch das vorliegende Projekt nicht den Gegenbeweis eines Mischtypus oder eines zehnten noch zu definierenden Typus hat erbringen können, da alle Probanden sich letztendlich einem der vorgegebenen Charaktermuster zuordnen konnten. Ebenso wird nicht versucht, anhand der Persönlichkeitsforschung den philosophischen Streit zwischen der platonischen Welt der Ideen (das Sein folgt der Idee) und der aristotelischen Entelechie (die Idee folgt dem Sein) beizulegen. Ob die Typen archaisch-ontologische Urbilder sind, die unabhängig von menschlichem Dasein existieren, wozu die Autorin tendiert, oder die Typunterscheidung erst durch die Beobachtung im Auge des Betrachters entsteht[72], ist für die vorliegende Untersuchung nicht von Bedeutung. Vielmehr interessieren die praktische Anwendung im Berufsalltag und der mögliche Beitrag des Modells zur Steigerung des menschlichen und unternehmerischen Erfolges.

Bleibt die Frage der Individualität bei all dieser archaischen Einfachheit. Hier gilt: Je fremder eine andere Person ist, desto mehr geht sie scheinbar in einem Typ auf. Je bekannter und vertrauter sie ist, desto mehr kann sie als unverwechselbares Individuum wahrgenommen werden. Näher stehende Menschen sind somit schwerer identifizierbar als entferntere, was sich so auch in der täglichen Praxis zeigt und manchmal etwas verwirrt. Das Denken in Typen birgt die Gefahr in sich, den Menschen in seiner Ganzheit nicht mehr zu sehen. Professionelle Menschenkenntnis beinhaltet eine feine und differenzierte Wahrnehmung. Menschen werden in ihren zentralen Persönlichkeitsprofilen mit dem Bewusstsein erkannt, dass sie damit keiner Schablone entsprechen, sondern die in ihnen grundgelegten Charaktermuster auf individuelle Art und Weise leben.

---

[71]   Friedmann 2000, S. 32.
[72]   Vgl. Winkler 2001, S. 130.

2.1.3 WISSENSCHAFTLICHE BETRACHTUNG

Jene Wissenschaften, die auf die Erforschung der Bedingungen menschlichen Zusammenlebens gerichtet sind, werden allgemein als Sozialwissenschaften bezeichnet. Zu den Sozialwissenschaften im engeren Sinne zählen heute die Soziologie, die Psychologie, die Politologie und die Wirtschaftswissenschaften. Der Mensch als grenzüberschreitendes Erklärungsobjekt kann hierbei als ein Verbindungsglied zwischen den Einzeldisziplinen angesehen werden.[73]

Psyche und Seele des Menschen systematisch zu erforschen (Persönlichkeitsforschung) ist derzeit ein Teilbereich der Psychologie[74], die wiederum hervorgegangen ist aus der Philosophie. Vorläufer der aktuellen Persönlichkeitsforschung ist die traditionelle Charakterologie, die sich „mit der Entwicklung, dem Aufbau und der Funktion des menschlichen Charakters"[75] beschäftigt. Mit Charakter[76] ist die typische Eigenart einer Person, Sache oder Gesamterscheinung gemeint und im speziell psychologischen Kontext, das Strukturgefüge der seelischen Anlagen, das die individuelle Geprägtheit eines Menschen bestimmt.[77] Die Charakterologie ist beheimatet in der naturwissenschaftlich ausgerichteten, theoretischen Psychologie Europas, gekennzeichnet durch eine Fülle von Detailwissen und eine distanzierte Haltung zum Untersuchungsobjekt Mensch. Dem gegenüber steht die pragmatisch ausgerichtete Humanistische Psychologie aus den U.S.A. (Gesprächspsychotherapie nach Rogers, Gestalttherapie nach Pearls, Transaktionsanalyse von Berne), die sich ausdrückt in Nähe zum Menschen, gefühlsmäßigem Erleben, Intuition und eine Fülle von Methoden, wobei wenig Theorie als Grundlage verwendet und teilweise sogar ganz bewusst darauf verzichtet wird, um allein der Intention des Augenblicks mit dem Wissen der Erfahrung Raum zu geben.[78]

In der vorliegenden Arbeit wird von der Prämisse ausgegangen, dass eine brauchbare Theorie die Praxis unterstützt und eine Übereinstimmung von äußerer und innerer

---

[73]   Vgl. Heimer 1994, S. 2.
[74]   Vgl. Meyers Grosses Taschenlexikon 2001, Band 17, S. 110.
[75]   Meyers Grosses Taschenlexikon 2001, Band 4, S. 29.
[76]   Griech.: Das Eingeprägte.
[77]   Vgl. Meyers Grosses Taschenlexikon 2001, Band 4, S. 28 f.
[78]   Vgl. Friedmann 2000, S. 38 – 41.

Wirklichkeit Voraussetzung dafür ist, dass ein Projekt gelingt. Intention der Autorin ist es, kognitive und empirische Ansätze synthetisch miteinander zu verbinden und einen Zusammenhang zwischen theoretischen Modellen und erfahrbarer Wirklichkeit herzustellen. „Um zugleich den Menschen mit Genauigkeit zu kennen, wie er ist, und mit Freiheit zu beurteilen, wozu er sich entwickeln kann, müssen der praktische Beobachtungssinn und der philosophische Geist gemeinschaftlich thätig seyn."[79]

Bei den Wirtschaftswissenschaften wurde in Gestalt des *homo oeconomicus* eine Kunstfigur geschaffen, die in ihren praktischen Konsequenzen auf einen sehr einseitigen Umgang mit lebendiger Arbeit hinausläuft[80] und nicht Erkenntnisobjekt dieser Arbeit ist. Die individuelle Betrachtung des Menschen ist in der Betriebspsychologie angesiedelt, wo der tätige Mensch im Kontext des beruflichen Umfeldes näher beleuchtet wird. Obwohl der Mensch, außer in den Sozialwissenschaften, beispielsweise auch in den Disziplinen Medizin, Sport, Geschichte und Recht im Mittelpunkt der Betrachtung steht, gibt es bisher kein fachübergreifend strukturiertes Wissen im Bereich der Menschenkenntnis. Gemäß Friedman hat sie nicht den Stellenwert, der ihr aufgrund des angewachsenen Wissens und des Bedarfs in der Praxis zukommt. Er meint sie „könnte für all jene Fachgebiete, in denen es um Menschen geht, die Funktion einer Grundlagenwissenschaft gewinnen,…."[81]. So wie die Mathematik als Grundlagenwissenschaft für all jene Wissensgebiete dient, die sich mit dem zahlenmäßigen Erfassen quantifizierbarer Einheiten und deren Berechnungen beschäftigt, könnte Menschenkenntnis für all jene Wissensgebiete, die mit dem Umgang von Menschen zu tun haben, zur qualitativen Erfassung von Seinsbereichen und deren menschlichen Ausprägungen dienen.

Wie funktioniert Menschenkenntnis? Humboldt sagt dazu: „Bei jeder Charakterschilderung muss man von den Aeusserungen und Thatsachen, die eine unmittelbare Beobachtung verstatten, zu den inneren Eigenschaften, die nur mittelbar wahrgenommen werden können, übergehen."[82] Bewusstes Wahrnehmen von: [83]

---

[79] Humboldt 2002, S. 10.
[80] Vgl. Schanz 2000, S. 57.
[81] Friedmann 2000, S. 13 f.
[82] Humboldt 2002, S. 42.
[83] Vgl. Ebenda, S. 27 f; vgl. Winkler 2001, S. 127 – 129; Erfahrungen u. Erkenntnisse der Autorin.

- verbalen Äußerungen (Worte, Sprache, Unterton),
- nonverbale Äußerungen (Mimik, Gestik, Körperhaltung, Gang),
- Aussehen,
- emotionaler und mentaler Ausstrahlung,
- sozialem Beziehungs- und Konfliktverhalten,
- Gegenständen der Beschäftigung und Produkte des Fleißes,
- Bedürfnissen und Ängsten,
- Leidenschaften und Lebenseinstellungen,
- der Art des Lachens und das Leben zu genießen,

um daraus hermeneutisch[84] auf Eigenschaften schließen zu können ist der erste Schritt zu professioneller Menschenkenntnis. Humboldt geht davon aus, dass sich die Seelenkräfte in Analogie zur Körperlichkeit befinden und ordnet der Physiognomik[85] einen hohen Stellenwert zu. Letztendlich räumt er aber ein, dass ein Charakter nicht zergliedert werden kann, sondern als ganzes Bild gezeichnet werden muss. Das innere Spiel der Kräfte, die Beschaffenheit des Geistes und somit die Triebfedern der Handlungen können nicht mehr direkt wahrgenommen, sondern nur noch vermutet werden.[86] Diese Vorgehensweise hat sich bis heute dahingehend erweitert, dass in der Zwischenzeit theoretische Persönlichkeitssysteme als Grundlagenwissen des Erkenntnisprozesses entwickelt wurden, die auch zugrunde liegende Motive von Handlungen deutlicher zutage treten lassen, was Humboldt noch ablehnte. Gemäß Tödter/Werner ist der Erkenntnisprozess eine „Mischung aus phänomenologischem und prozessorientiertem Vorgehen: was beobachte ich und was weiß ich über den Persönlichkeitstyp?"[87] Persönlichkeitsdiagnostik braucht viel Erfahrung und Übung über einen langen Zeitraum, ähnlich dem Erlernen einer Sprache, nur dass diese nonverbaler Natur ist, dafür aber auch global gültig und einsetzbar. „Gute Menschenkenner verfügen über die Fähigkeit, die Perspektive des Gegenübers zu übernehmen"[88], was als eine gute Voraussetzung angesehen werden kann, um mit anderen wirkungsvoll kommunizieren und ergebnisorientiert kooperieren zu können, privat

---

[84]   Griech.: Das Verstehen von Sinnzusammenhängen in menschlichen Lebensäußerungen aller Art.
[85]   Griech.: Wissenschaft von der Deutung des Menschen aus seiner Körpergestalt.
[86]   Vgl. Humboldt 2002, S. 27 f.
[87]   Tödter / Werner 2006, S. 17.
[88]   Vgl. ebenda, S. 14.

wie geschäftlich. Wo im Betriebsgeschehen ist Menschenkenntnis anwendbar? Menschenkenntnis ist nicht Selbstzweck der Betrachtung. Die daraus gewonnenen Kenntnisse sind als grundlegend für den Bereich Personal (-auswahl, -beurteilung, -führung, und -entwicklung) anzusehen und auch im Projektmanagement und im Vertrieb hilfreich.

Personalauswahl: Entsprechen die charakterlichen Eignungen und Neigungen den Anforderungen des Arbeitsinhaltes? Passt der Bewerber mit seiner Persönlichkeitsstruktur in das vorhandene Team?

Personalführung: Wer braucht wie viel oder wie wenig Führung und welche? Wer braucht in welchen Aspekten des Arbeitsablaufes Rückendeckung und in welchen Bereichen nicht?

Personalentwicklung: Was sind die potenziellen Talente und Neigungen der einzelnen Mitarbeiter? Wer braucht an welchem Punkt welches Wissen und Training? Welche Art der Förderung ist für wen passend?

Personalcoaching: Menschentypgerechte Laufbahnberatung Persönlichkeitsentwicklung durch Training von individuell stimmigem Kommunikationsverhalten Stärkung der Sozial- und Handlungskompetenz durch Erweiterung des persönlichen und Kooperationsrepertoires

Personalbeurteilung: Mit welchen Stärken identifiziert sich der zu Beurteilende? Was kann ihn motivieren? Wo sind seine natürlichen Grenzen (Nicht-Stärken)?

Projektmanagement: Wer von den anwesenden Mitgliedern ist für welche Aufgabe am besten geeignet?

Vertrieb: Welche meiner Verkaufsargumente sind für den jeweiligen Interessenten und damit für seine Kaufentscheidung maßgeblich?

Die beiden letztgenannten Teilbereiche der Betriebswirtschaft sind nicht Gegenstand der vorliegenden Arbeit, wohl aber der Bereich Human Ressource Management (Personalwesen). Der gesunde und entwickelte Mensch mit seinen verschiedenen Organisationsmustern der Psyche und seiner individuellen Persönlichkeit im Berufsalltag. Es wird von der Prämisse ausgegangen, dass eine fundierte Menschenkenntnis zur Steigerung der Sozialkompetenz im Unternehmen dergestalt beiträgt, dass stimmigere Personalauswahl, treffsicherere Personalbeurteilung, individuellere Personalführung und gezieltere Personalentwicklung im Sinne von Talent Management[89] daraus resultieren. Als Folge davon wird angenommen, dass sich dies sowohl in steigendem Arbeitsergebnis[90] als auch in wachsender persönlicher Zufriedenheit[91] niederschlägt.

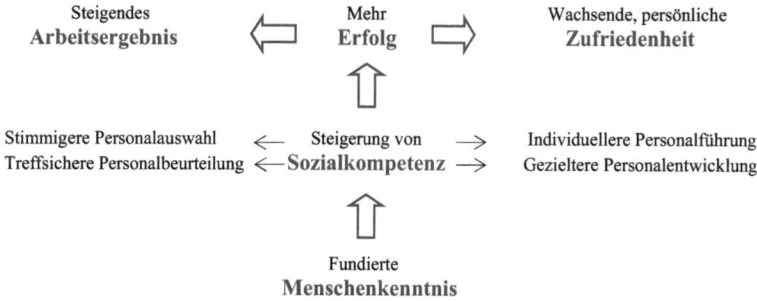

Abb. 1: Menschenkenntnis im Betriebsgeschehen (eigene Darstellung)

2.2   PERSÖNLICHKEITSMODELLE

In den Wissenschaften werden immer dann Modelle benutzt, wenn der Gegenstand der Untersuchung nicht sichtbar oder darstellbar ist. Es sind vereinfachende Abbilder der komplexen Realität, gleich Landkarten, zur besseren Orientierung und um das Verstehen sichtbarer und unsichtbarer Wirklichkeiten zu erleichtern. Eine Landkarte

---

[89]   Vgl. Gramm 2006, S. 2.
[90]   Das tatsächlich erbrachte, quantifizierbare und qualifizierbare Produkt eines mit Einsatzmitteln versehenen Vorgangs.
[91]   Ergebnis eines Vergleichs zwischen erwarteter und erfolgter Bedürfnisbefriedigung.

wird nie zur Landschaft und hilft doch, sich darin zurecht zu finden. Ein Modell bleibt immer eine Idee und ist als solche diskutierbar.[92] Seit es Menschen gibt, sind sie sich ihrer Unterschiedlichkeit in Stärken, Schwächen, Talenten und Wertvorstellungen bewusst und auf der Suche nach Erklärungen, um dieses Phänomen zu begreifen. Seit der Antike versuchen deshalb Persönlichkeitsforscher Menschen zu typologisieren und Persönlichkeitstheorien zu entwerfen, die in Form von Modellen den Aufbau der Persönlichkeit verständlich machen, um menschliche Verhaltensweisen und Einstellungen in ein Raster einordnen zu können. Diese persönlichkeitstheoretischen Grundmodelle[93] wurden im Laufe der Zeit immer mehr verfeinert und „…im Ergebnis gibt es heute Persönlichkeitsmodelle, mit deren Hilfe es uns möglich ist, unsere Präferenzen immer besser zu erkennen und uns selbst und andere besser zu verstehen."[94] Menschenkenntnis geht also davon aus, dass die Menschen verschieden sind, was jenen zeitgeistlichen Überlegungen widerspricht, die mehr die Ähnlichkeit in den Menschen sehen wollen, sei es aus idealler Vorstellung, emotionalem Harmoniebedürfnis oder politisch-praktischen Konsumgesichtspunkten heraus. Menschenkenntnis geht aber auch davon aus, dass die Menschen einander typspezifisch ähnlich sind, womit sich gelegentlich Vertreter des Ideals der vollkommenen Individualität schwer tun. Jede und Jeder ist einmalig, und doch gibt es gesetzesmäßige Ergänzungen und Entsprechungen, die die menschliche Vielfalt auf lebendige Weise zu einer harmonischen Ganzheit zusammen fügen.

Allzu groß und unübersichtlich ist inzwischen der Markt der Persönlichkeitsmodelle geworden, die miteinander konkurrieren um Marktpräsenz und Kunden. Die Nachfrage ist da, vor allem durch zahlungskräftige Wirtschaftsunternehmen. Die Palette der Anbieter reicht von geheim gehaltener Scharlatanerie unter dem Deckmäntelchen der Verschwiegenheit[95] bis hin zu seriöser, wissenschaftlich untermauerter Professionalität. Die Grenzen sind fließend und es ist nicht ganz einfach, die Spreu vom Weizen zu trennen, da Profit bekanntermaßen viele Geister anzieht. Nicht wenige Anbieter versuchen deshalb ihr Wissen über Lizenzen (für Nachfrager und Trainer)

---

[92] Vgl. Winkler 2001, S. 19.
[93] Simon 2006, S. 18.
[94] Schimmel-Schloo / Seiwert 2002, S. 7.
[95] Hier finden sich auch die Grenzwissenschaften der Astrologie und Graphologie.

zu schützen, wie z.B. das STRUKTOGRAMM®. Einerseits stellt dies eine gewisse Absicherung für die Bewahrung der Reinheit der Lehre und Güte in der Anwendung dar, andererseits verwehrt dies auch teilweise den Blick auf den inneren Gehalt. Wo es keine Lizenzierung gibt, wie z.b. beim ENNEAGRAMM, herrscht Freiheit in der Anwendung und Forschung mit allen Vor- und Nachteilen von interdisziplinärer Weiterentwicklung bis zu dilettantischem Missbrauch. Um die Vielfalt an Persönlichkeitsmodellen inhaltlich überschaubar zu machen, braucht es ein Ordnungsraster.

Erkenntnistheoretisch zeigen auffällig viele Systeme deutliche Ähnlichkeiten untereinander, wenn sie in ihren Grundkomponenten miteinander verglichen werden. Darauf basierend und auch „aus praktischen Erfahrungen der Trainingsarbeit"[96] teilt Wagner die marktgängigen Persönlichkeitssysteme in Drei- und Vier-Komponenten-Modelle ein. Dieses Ordnungsraster ist Grundlage der vorliegenden Arbeit.[97] Hierbei werden die beiden Drei-Komponenten-Modelle STRUKTOGRAMM® und ENNEA-GRAMM und die Vier-Komponenten-Modelle Grundstrebungen nach Riemann-Thomann und Differentielle Kommunikationspsychologie nach Schulz von Thun eingehender betrachtet. Auswahlkriterien hierbei sind Marktpräsenz, Seriosität, wissenschaftliche Fundierung, weltanschauliche Neutralität und Kompatibilität untereinander sowie die Eignung als Instrument zur Persönlichkeitsentwicklung über die reine Diagnose hinaus. Auch die größtenteils voneinander unabhängigen Ursprungsorte, -zeiten und -kulturen spielten bei der Auswahl eine nicht zu vernachlässigende Rolle:

Persönlichkeitsmodell	Ursprungsort	Entstehungszeit	Wissenschaftliche Grundlage
Enneagramm	Vorderasien	ca. 2.500 v. Chr.	Internationale Philosophie
Struktogramm	U.S.A	1977	Amerikanische Gehirnforschung
Vier menschliche Grundstrebungen	BRD	1961	Deutsche Tiefenpsychologie
Differentielle Kommunikations-	BRD	1989	Deutsche Kommunikations-

---

[96] Wagner, in: Schimmel-Schloo / Seiwert 2002, S. 15.
[97] Vgl. vorliegende Arbeit, Kapitel 2.3 und 2.4.

psychologie				forschung

Tab. 1: Ausgewählte Persönlichkeitsmodelle (eigene Darstellung).

Eine weitere Untersuchung von Fünf-Komponenten-Modellen (z.b. Big Five, Penta-gramm, TCM) und ihre potenzielle Kompatibilität mit der oben genannten Einteilung würde den Rahmen dieser Arbeit sprengen und ist somit nicht Gegenstand der Be-trachtung.

„In der Persönlichkeitspsychologie gibt es keine allgemein akzeptierten Grundbegrif-fe. Zahllose Theorien, die sich widersprechen und deren Vertreter sich bekämpfen, schaffen mehr Verwirrung als Klarheit."[98] Der vorliegenden Arbeit liegt die These zugrunde, dass jedes der betrachteten Modelle seine Berechtigung und auch seine Grenzen hat, dass sich die Systeme einander nicht widersprechen, sondern verschie-dene Betrachtungsweisen der selben Wahrheit sind und sich gegenseitig ergänzen, vertiefen und erweitern. Zunächst werden die Kompatibilitäten der Drei-Komponenten- und Vier-Komponenten-Modelle näher untersucht, dann einander gegenübergestellt und schließlich in einem gemeinsamen, neu entwickelten System integriert.

2.3   VIER-KOMPONENTEN-MODELLE

Nach dem Glauben der Juden hat Gott die Welt nach dem Gesetz der Zahlen einge-richtet. So heißt es im alten Testament: „Du aber hast alles nach Maß, Zahl und Ge-wicht geordnet."[99] Pythagoras[100] ordnet als Begründer der Numerologie[101] der Zahl vier die Bedeutung der Körperwelt zu, der sichtbaren, äußeren Erscheinungen des Lebens.[102] „Erst die Vierheit verleiht dem reinen Geist eine angemessene Erschei-nungsform."[103] Die Vier dient dem Menschen zur Orientierung in der Welt, gemäß den vier Himmelsrichtungen, den vier Jahreszeiten und den vier Elementen.[104] Em-

---

[98]   Simon 2006, S. 9.
[99]   Die Bibel 1994, S. 717; Das Buch der Weisheit 11,20.
[100] Griechischer Philosoph (570 - 500 v. Chr.)
[101] Wissenschaftliches System der Zahlensymbolik.
[102] Vgl. Werner 2006, S. 11 - 17 und S. 113 – 117.
[103] Werner 2006, S. 115.
[104] Vgl. ebenda, S. 113 f.

pedokles (483 – 420 v. Chr.) erkennt in allen Erscheinungen die vier Elemente Feuer, Wasser, Erde und Luft: alles verändert sich durch Mischung und Trennung der Substanzen untereinander, nichts bleibt wie es ist und doch bleibt die Summe der Energien konstant; eine Sichtweise, die bis heute ihre Gültigkeit hat. Der Begriff Element geht auf Aristoteles zurück, der darin das ursprünglich Elementare, in seiner Art nicht weiter zerlegbare, sah.[105]

Die ca. 640 v. Chr. in Babylonien entstandene älteste aller Wissenschaften, die Astrologie[106], stellt eine Verbindung zwischen diesen vier Elementen, den Sternen und menschlichen Charakteren her. Jedem der Elemente werden drei Sternbilder zu geordnet: drei Wasser-, drei Feuer-, drei Erd- und drei Luftzeichen ergeben zusammen das älteste aller bekannten abendländischen Persönlichkeitssysteme, das Horoskop. „Auch heute hat die Astrologie bzw. die Erstellung von speziellen Horoskopen eine nicht geringe Bedeutung. In überraschend vielen Unternehmen werden sie bei Einstellungsentscheidungen – inoffiziell, ähnlich der Graphologie – genutzt."[107]

Hippokrates[108] erkennt die vier klassischen Elemente auch in der Zusammensetzung des menschlichen Körpers, wobei er das Element Feuer in der gelben Galle, das Wasser im Schleim, die Erde in der schwarzen Galle und die Luft im Blut wieder gespiegelt sieht. Er entwickelt daraus die Humoralpathologie (humores = Säfte). Etwa 600 Jahre später verfolgt der ebenfalls griechische Arzt Claudius Galenus[109] die Lehre weiter, indem er die Menschen nach Mischungen dieser Elemente in vier Klassen einteilt: Choleriker - Phlegmatiker – Melancholiker – Sanguiniker; heute bekannt unter dem Namen Vier-Temperamenten-Lehre.[110] Goethe[111] sagt dazu: „Wir haben die vier Temperamente. Jeder hat alle vier in sich, allerdings in unterschiedlichen Mischungsverhältnissen."[112] Kant[113] teilt in seiner anthropologischen Charakteristik

---

[105]   Vgl. Aristoteles 1970, S. 116 f.
[106]   Simon, 2006, S. 19.
[107]   Wagner, in: Schimmel-Schloo / Seiwert 2002, S.14.
[108]   Griechischer Arzt (460 - 370 v. Chr.).
[109]   Griechischer Arzt (129 - ca. 200 n. Chr.).
[110]   Vgl. Niederwieser 2002, S. 99.
[111]   Deutscher Genius (1749 - 1832)
[112]   Wagner, in: Schimmel-Schloo 2002, S. 15.
[113]   Deutscher Philosoph ((1724 - 1804).

die vier Temperamente in solche der Tätigkeit (Warm-/Kaltblütig) und des Gefühls (Schwer-/Leichtblütig) ein.[114]

Elementare Kräfte	Qualitative Eigenheiten	Humoralpathologie nach Hippokrates	Anthropologische Charakteristik nach Kant	4-Temperamentenlehre nach Galenus
Feuer	Hitzige Tatkraft	Gelbe Galle	Warmblütiger	Choleriker
Wasser	Bewegende Fließkraft	Schleim	Kaltblütiger	Phlegmatiker
Erde	Schwere Gefühlstiefe	Schwarze Galle	Schwerblütiger	Melancholiker
Luft	Gefühlte Leichtigkeit	Blut	Leichtblütiger	Sanguiniker

Tab. 2: Vier Elemente (eigene Darstellung)

Einen weiteren Meilenstein in der Typenlehre stellt die Funktions- und Einstellungstypologie nach C. G. Jung[115] dar. Er unterscheidet nach den Grundeinstellungen extravertiert (offen, nach außen gerichteten) und introvertiert (verschlossen, nach innen gerichtet) und den Funktionen Denken, Fühlen, Empfinden und Intuition.[116] Diese vier „Jung'schen Funktionen" entsprechen den vier Himmelsrichtungen.[117]

Himmelsrichtungen	Jung'sche Funktionen	Beschreibung
Norden	Denken	intellektuelles Erkennen, logische Schlussbildung
Osten	Intuition	ahnendes Erfassen ohne Nachzudenken
Süden	Fühlen	subjektiv gefühltes Bejahen oder Verneinen
Westen	Empfinden	sinnliche Wahrnehmung der konkreten Realität

[114] Vgl. Kant 1983, S. 233 - 241.
[115] Begründer der Individualpsychologie (1875 – 1961).
[116] Vgl. Jung 1989, S. 357 - 443.
[117] Vgl. Boëthius, in: Schimmel-Schloo / Seiwert 2002, S. 43 - 45.

Tab. 3: Jung'sche Funktionen (eigene Darstellung)

Somit ergibt sich gemäß ihm ein System von insgesamt acht Typen: der extravertierte Denk-, extravertierte Fühl-, extravertierte Empfindungs- und extravertiert-intuitive Typus und alle vier in der introvertierten Art.[118] Die Typenlehre ist Basis vieler Persönlichkeitsmodelle, die professionell vermarktet werden und insbesondere in der Wirtschaft Anwendung finden (z.B. MBTI®; INSIGHTS MDI®, LIFO-Systems®, TMP®, TMS®, DISG®).

Das ebenfalls in deutschen Unternehmen weit verbreitete Hermann Brain Dominance Instrument HBDI® (bis 2006 H.D.I.®) basiert auf Erkenntnissen der Gehirnforschung und der unterschiedlichen Arbeitsweise der beiden Großhirnhemisphären, wofür Roger Sperry 1981 den Nobelpreis erhielt. Es wird davon ausgegangen, dass jeder Mensch Denk- und Verhaltenspräferenzen besitzt, die sich über eine metaphorische Darstellung im Gehirn lokalisieren lassen: linke und rechte Gehirnhälfte, Cortex und limbisches System. Analog werden die menschlichen Denkstile rational –fühlend - organisatorisch – experimentell daraus abgeleitet.[119] Diese aus der Naturwissenschaft abgeleiteten Erkenntnisse widersprechen den zuvor genannten geisteswissenschaftlich entstandenen Persönlichkeitsmodellen nicht, im Gegenteil. Weitere Vier-Komponenten-Modelle werden in den Werken von Schimmel-Schloo, Simon und Niederwieser behandelt.

2.3.1 VIER GRUNDSTREBUNGEN

In den 60-er Jahren des letzten Jahrhunderts unterscheidet Fritz Riemann[120] vier Grundformen der Angst, die seiner Meinung nach jedem Menschen in verschieden starker Ausprägung innewohnen und ihn bewegen oder auch lähmen:

1. Die Angst vor Selbsthingabe, als Ich-Verlust und Abhängigkeit erlebt.
2. Die Angst vor Selbstwerdung, als Ungeborgenheit und Isolierung erlebt.

---

[118] Vgl. Jung 1989, S. 357 - 443.
[119] Vgl. Geist, in: Simon 2006, S. 218 – 239.
[120] Deutscher Psychologe (1902 - 1979).

3. Die Angst vor der Wandlung, als Vergänglichkeit und Unsicherheit erlebt.

4. Die Angst vor der Notwendigkeit, als Endgültigkeit und Unfreiheit erlebt.

Alle möglichen Ängste sind seiner Meinung nach letztlich immer Varianten dieser vier Grundängste, die wiederum aus den folgenden vier menschlichen Grundstrebungen hervorgehen:

1. Das Streben nach Selbstbewahrung und Absonderung

2. Das Streben nach Selbsthingabe und Zugehörigkeit

3. Das Streben nach Dauer und Sicherheit

4. Das Streben nach Wandlung und Risiko

Diese Akzentuierungen der Persönlichkeit sind zunächst einmal Normalstrukturen, solange sie nicht durch exzessiv gelebte Einseitigkeiten Grenzwerte überschreiten, die in den pathologischen (krankhaften) Bereich der vier großen Neuroseformen klinischen Psychologie reichen: Schizoidie, Depression, Zwangsneurose und Hysterie. Riemann sagt dazu: „Diese neurotischen Persönlichkeiten spiegeln also jeweils nur in zugespitzter oder extremer Form allgemeinmenschliche Daseinsformen, die wir alle kennen. Es handelt sich damit letztlich um vier verschiedene Arten des In-der-Welt-Seins."[121] Christoph Thomann[122] entwickelt in den 80-er Jahren das Modell weiter zu einer „Landkarte der Persönlichkeit"[123], indem er die Ausprägungen der vier menschlich-seelischen Himmelsrichtungen in die allgemein verständlichen Begriffe Distanz, Nähe, Dauer und Wechsel übersetzt.

Alle Menschen und einige ganz besonders, haben das Bedürfnis nach

Nähe: Vertrauter Nahkontakt, Bindung, Liebe, Geborgenheit, Harmonie und Mitgefühl, für andere da sein dürfen und gebraucht werden.

Distanz: Abgrenzung und für sich sein dürfen, Freiheit, Unabhängigkeit, Ungestörtheit und Individualität, intellektuelle Erkenntnis.

Dauer: Verlässlichkeit, Ordnung, Planung und Voraussicht, Beständigkeit, Gesetz, System, Kontrolle und Macht, nach das den Moment Überdauernde.

---

[121] Riemann 2002, S. 15 f.
[122] Schweizer Psychologe (geb. 1950)
[123] Thomann / Schulz von Thun 2006, S. 174.

Wechsel: Zauber des Neuen, Wagnis, Abenteuer, Phantasie, Verspieltheit und Genuss, Spontaneität und Leidenschaft, Intensität des Augenblicks.[124]

Übertragen auf ein Sternendiagramm (siehe unten) kann jeder seine Präferenz in einem Punkt auf dem Schaubild wieder finden. Wenn ein Mensch es beispielsweise gerne mag, mit den immer gleichen Menschen eng zusammen zu sein und es ihm lieber ist, wenn die Umstände so bleiben wie sie sind, so liegt sein persönliches „Heimatgebiet" in dem Quadranten zwischen Dauer und Nähe (vgl. nachfolgende Abbildung). Dementsprechend liegt sein persönliches „Entwicklungsgebiet" in dem gegenüberliegenden Quadranten, was soviel bedeutet wie: mit den Herausforderungen von sich ändernden Rahmenbedingungen und dem Alleinsein zurecht kommen.

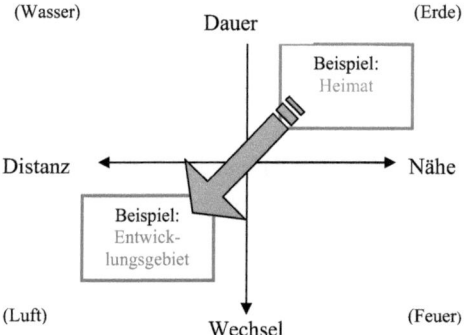

Abb. 2: Vier Grundstrebungen und vier Elemente[125]

Menschen erscheinen nach außen spontan und flexibel (Polarität Wechsel) oder konservativ und beständig (Dauer), menschenorientiert (Nähe) oder aufgabenorientiert (Distanz). Alles ist gleich wichtig und gleich wertvoll, nur eben ganz anders. Philosophisch betrachtet repräsentieren die Koordinaten die beiden Dimensionen Raum (Nähe – Distanz) und Zeit (Dauer – Wechsel), in der sich Leben vollzieht.

---

[124] Vgl. Thomann / Schulz von Thun 2006, S. 176 f.
[125] In Anlehnung an Thomann / Schulz von Thun 2006, Abb. 7, S. 177.

2.3.2 DIFFERENTIELLE KOMMUNIKATIONSPSYCHOLOGIE

Schulz von Thun[126] veröffentlicht 1989 eine Typologie von acht verschiedenen Kommunikationsstilen. Grundlage hierfür ist seine praktische Erfahrung als Trainer und Kommunikationstherapeut, „was mir wiederholt begegnet und sich als Ausgangspunkt für persönliche Weiterentwicklung eignet."[127]

1.   Der bedürftig-abhängige Stil

zielt darauf ab, sich selbst als hilflos oder überfordert darzustellen und gibt dem anderen das Gefühl, dieser müsse für ihn einspringen, helfen, entscheiden und verantworten – sonst wäre alles verloren.

Abb. 3: Der bedürftig- abhängige Stil

2.   Der helfende Stil

ist als geduldiger Zuhörer und Ratgeber allzeit bereit sich souverän für Schwache und Hilflose einzusetzen, auch über die eigenen Erschöpfungsgrenzen hinaus, braucht selbst niemand.

Abb. 4: Der helfende Stil

3.   Der selbst-lose Stil

erspürt die Wünsche und Nöte von anderen und dient ihnen aufopferungsvoll und unterwürfig (Hilfe „von unten"), fühlt sich selbst bedeutungs- und wertlos, übergeht sich selbst.

Abb. 5: Der selbstlose Stil

4.   Der aggressiv-entwertende Stil

ist anderen gegenüber feindselig und behandelt sie „von oben herab", neigt zu Provokation, Demütigung und Erniedrigung Einzelner und ganzer Gruppen.

Abb. 6: Der aggressiv-entwertende Stil

5.   Der sich beweisende Stil

ist darum bemüht, sich selbst ins rechte Licht zu setzen durch Imponier- und Fassadentechniken, will sich nach außen hin vollkommener geben als ihm innerlich zumute ist.

Abb. 7: Der sich beweisende Stil

---

[126]   Deutscher Kommunikationswissenschaftler (geb. 1944).
[127]   Schulz von Thun 2006/1, Band 2, S. 60.

6.   Der bestimmende-kontrollierende Stil

will die Dinge und die Menschen so lenken und korrigieren, dass sie

unter seiner Kontrolle bleiben und dadurch ihren rechten Fortgang

nehmen; hasst Unberechenbarkeit, Chaos und Ohnmacht.

Abb. 8: Der be-
stimmende-kon-
trollierende Stil

7.   Der sich distanzierende Stil

hat eine unsichtbare Wand um sich, die dafür sorgt, dass ihm nie-

mand zu nahe kommt, kommuniziert förmlich und unpersönlich, gibt

sich reserviert und zeigt keine Gefühle.

Abb. 9: Der sich
distanzierende Stil

8.   Der mitteilungsfreudig-dramatisierende Stil

genießt es, von Publikum umringt zu sein und dies durch zur Schau

gestellte Emotionalität in seinen Bann zu ziehen, bringt das eigene

Selbst zur Unterhaltung aller zur Aufführung.

Abb. 10: Der mittei-
lungsfreudig-dra-
matisierende Stil

Obige Texte und Grafiken wurden entnommen und zusammengefasst aus[128].

Dieser phänomenologische Ansatz betrachtet den Menschen und sein Kommunikationsverhalten in teilweise übersteigerter Dramatisierung, wodurch die Essenz deutlicher zutage tritt als im gewöhnlichen Umgang mit Menschen. Kritisch anzumerken
ist hier, dass die Kommunikationsstile nicht durchgängig negativ (oder positiv) bezeichnet werden, was sich besonders bei dem helfenden Charakter zeigt: Konsequen-
terweise müsste hier vom co-abhängigen Charakter gesprochen werden in der Übertreibung von Helfen. „Sich distanzierend", „Sich beweisend" und „Bestimmend-
kontrollierend" sind in Abgrenzung zu beispielsweise „aggressiv-entwertend" als
eher neutrale Begrifflichkeiten einzuordnen, die erst durch zusätzliche Attribute in
die Bereiche von Tugend oder Untugend einordenbar sind. Schulz von Thun geht
davon aus, dass alles in jedem steckt und doch auch jeder „bevorzugte Muster der
Kontaktgestaltung, einhergehend mit bestimmten Vermeidungsmustern"[129] lebt. Damit schließt er von der äußeren Realität des Sinneneindrucks auf innerpsychische

128   Vgl. Schulz von Thun 2006/1, Band 2, S. 61 - 243.
129   Ebenda, S. 58.

Zusammenhänge. Die Anwendung dieser Erkenntnisse im beruflichen Alltag erfolgt im ersten Schritt über das Wahrnehmen dessen, was ein Gegenüber von sich zeigt.[130] Dabei kann das Koordinatensystem der vier seelischen Himmelsrichtungen nach Riemann/Thomann eine wertvolle Hilfe sein.

Beispiel: Ein Kollege zeigt sich in auffallend ausgrenzender und selbstbewusster Haltung, lebt also große Distanz in Kombination mit sich Sich-im-Recht-dabei-fühlen. Seine Position ist gemäß den vier seelischen Himmelsrichtungen stark außerhalb der Mitte an der Pfeilspitze im Quadranten zwischen Distanz und Dauer zu finden.

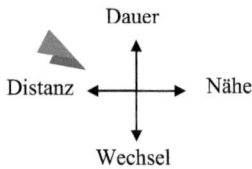

Abb. 11:
Vier Grundstrebungen Kollege XY
(eigene Darstellung)

Das von dem Kollegen XY gezeigte Verhalten klar in der Untugend der „Ausgrenzung" als Übertreibung des Wertes „Distanz" zu identifizieren. Fatal wäre es jetzt, in den Quadranten zwischen Nähe und Wechsel zu gehen und ausgleichend auf sein Verhalten mit Nähe zu reagieren, was er als „ihm nachzulaufen" interpretieren würde. Damit wäre eine Eskalation des nonverbal schwelenden Konfliktes vorprogrammiert. Die Lösung liegt darin, gemäß der Eigengesetzlichkeit im Bereich Beziehung eine positiv-ähnliche Reaktion[131] in Form von höflicher Distanz zu zeigen. Dem Kollegen XY wird sein Verhalten in positiver Art und Weise gespiegelt und er erhält dadurch die Chance, auf die andere Seite des Koordinatensystems zu wechseln und zu einem von ihm gewählten Zeitpunkt Nähe wieder selbst her zu stellen. Nähe erfordert ein Sich-Öffnen, was bedeutet, dass der erste Schritt zu wirklicher Nähe und Vertrauen sich auch erstmal in Form von offener Kritik zeigen kann. So können Kommunikation und Kooperation wieder in Fluss, Stärken und Gegenstärken in ausgewogene Balance zueinander kommen.

---

[130]   Vgl. Kapitel 2.3.1 der vorliegenden Arbeit.
[131]   Vgl. Friedmann 2000, S. 41 – 48.

2.4 DREI-KOMPONENTEN-MODELLE

Die Drei gilt von alters her als heilige Zahl und Symbol der wirklichen Einheit,[132] sie beschäftigt sich mit dem Innern einer nach außen hin erscheinenden Ganzheit. So besteht nach christlichem Verständnis der eine Gott aus der Dreifaltigkeit von Vater, Sohn und Heiligem Geist und in der hinduistischen Tradition erscheint die Gottheit in Form von Brahma (Erschaffer), Vishnu (Erhalter) und Shiva (Zerstörer). Indiens traditionelle Naturheilkunde Ayurveda mit dem ganzheitlichen Betrachtungsmodell von Mensch, Natur und Kosmos besteht aus den drei lebensbestimmenden Dimensionen Vata, Pitta und Kapha. Die Zeit setzt sich aus Vergangenheit, Gegenwart und Zukunft zusammen. Aller guten Dinge sind drei. Poppers Drei-Welten-Lehre besagt, dass unsere Wirklichkeit aus drei untereinander verbundenen und aufeinander einwirkenden Welten besteht: der physischen, der psychischen und der geistigen.[133] Der Mensch entsteht nach biologischer Auffassung aus drei embryonalen Keimblättern und besitzt nach den Erkenntnissen des Gehirnforscher Paul MacLean ein dreieiniges Gehirn, bestehend aus Stamm-, Zwischen- und Großhirn[134]. Eine Persönlichkeit ist gemäß allgemeiner Übereinstimmung eine ganzheitliche Gestalt aus Körper, Seele und Geist[135].

Die Dreiteilung findet auch ihren Niederschlag in zahlreichen Persönlichkeitsmodellen: Friedmanns Prozessorientierte Persönlichkeitspsychologie (PPP) teilt in die menschlichen Lebensbereiche Denken, Fühlen und Handeln ein[136] und Winklers Psychographie in den Handlungs-, Beziehungs- und Sachtyp.[137] Kretschmer erkennt drei unterschiedliche Körperformen beim Menschen, die athletische, die leptosome und die pyknische.[138] Die Archetypen der Führung bei Neuberger heißen Vater, Held und Heilsbringer und Pitcher verwendet in ihrem Modell die drei Typen Artists, Craftsmen und Technokrats.[139] In den Führungsstilen des in der Wirtschaft verbreite-

---

[132]   Vgl. Werner 2006, S. 106.
[133]   Vgl. Hauk 2003, S. 319.
[134]   Vgl. Schirm 1997, S. 8; vgl. Schanz 2000, S. 63 – 66.
[135]   Vgl. Rosenstiel / Regnet 2003, S. 105.
[136]   Vgl. Friedmann 2000, S. 42 – 62 und 2004, S. 22 – 86.
[137]   Vgl. Winkler 2001, S. 34 – 56.
[138]   Vgl. Wagner, in: Schimmel-Schloo / Seiwert 2002, S. 16.
[139]   Vgl. Niederwieser 2002, S. 79 – 89.

ten Managerial GRID-Systems[140] wird zwischen autoritär, fürsorglich und analytisch unterschieden. Das im nachfolgenden Kapitel der vorliegenden Arbeit vorgestellte System des Struktogramms als Ergebnis einer Biostruktur-Analyse unterscheidet in Rot, Blau und Grün.[141] Oft wird diese Basisunterscheidung dann in der weiteren Vertiefung verfeinert, wie z.b. beim Enneagramm, was im übernächsten Kapitel vorgestellt wird. Es ist ein Neuner-System auf der Basis einer Einteilung in Bauch-, Herz- und Kopfzentrum.[142]. In der nachfolgenden Tabelle werden einige der nach dem Verständnis der Verfasserin miteinander kompatiblen Systeme interdisziplinär in ihren analogen Entsprechungen aufgelistet.

	Element 1	Element 2	Element 3
Drei-Welten-Lehre	Physisch	Psychisch	Geistig
Gehirnforschung	Stammhirn	Zwischenhirn	Großhirn
Psychologie	Körper	Seele	Geist
PPP	Handeln	Fühlen	Denken
Psychographie	Handlungstyp	Beziehungstyp	Sachtyp
Führungsarchetypen	Vater	Heilsbringer	Held
GRID-System	autoritär	fürsorglich	analytisch
Struktogramm	Grün	Rot	Blau
Enneagramm	Bauchzentrum	Herzzentrum	Kopfzentrum

Tab. 4: Drei Elemente (eigene Darstellung)

Auf einen Nenner gebracht finden sich kultur-, religions- und wissenschaftsübergreifend ähnliche Dreiteilungen in einen eher rationalen, einen emotionalen und einen aktionalen Aspekt. In allen Persönlichkeitsmodellen wird davon ausgegangen, dass jeder Mensch eine Präferenz zu einem dieser Bereiche lebt. Es ist deshalb förderlich

---

[140] Vgl. Wagner, in: Schimmel-Schloo / Seiwert 2002, S. 16.
[141] Vgl. Schirm 1997, S. 63 – 75.
[142] Vgl. Rohr / Ebert 2002, S. 40 – 43.

für zwischenmenschliches Verständnis die Eigengesetzlichkeiten aller Bereiche zu kennen, damit das Handlungsspektrum der eigenen Persönlichkeit zu erweitern um mit Vertretern aller Bereiche adäquat umgehen zu können. Außerdem dient die Integration aller Lebenswirklichkeiten der persönlichen Weiterentwicklung auf vielfache Weise.

Im Bereich Handeln geht es um Entscheiden und Umsetzen, um Willens- und Tatkraft, um Kooperation miteinander und Zielorientierung. Am Ende soll ein Ergebnis dabei rauskommen, hier ist auch das Business verankert. Im Bereich Fühlen dominiert das prozessorientierte Vorgehen von Sympathie und Antipathie, es geht darum sich miteinander wohl zu fühlen, die Ziele ergeben sich dann von selbst und sind eher ein Nebenprodukt. Ein ganz anderer Ansatz, der in manch anderen Kulturen mehr Gewichtung erfährt als in Deutschland. Und im Bereich Denken geht es weder um das Machen, noch um das Fühlen, sondern um das Suchen und Finden bereits vorhandener Wahrheiten, um Erkenntnis durch Konzentration und Intuition, wie beispielsweise in der Entwicklungsabteilung eines Unternehmens. Hier müssen gänzlich andere Gesetzmäßigkeiten gelten als in den leistungsorientierten Bereichen: Freiraum für Kreativität ohne Druck, da sich Ideen und Erfindungen nicht machen lassen, sie können nur in einem gewissen Rahmen von konzentrierter Absichtslosigkeit gefunden und erkannt werden.

Sind diese Lebensbereiche im Innern eines Menschen oder in der Komplexität einer Organisation nicht gut entwickelt, kommt es zu ungünstigen Verschiebungen. Es werden beispielsweise die Gesetzmäßigkeiten des Denkens in den Bereich Handeln übertragen werden, was bedeutet die Realität einer Idee unterwerfen zu wollen. Konkret kann sich das dann in weltfremdem und geschäftsuntauglichem Idealismus niederschlagen. Oder wenn der neue Chef seinen Mitarbeitern einen Kasten Bier spendiert und davon ausgeht, dass er damit in die Gruppe aufgenommen ist. Damit versucht er aus dem Bereich Handeln heraus Beziehungen zu machen anstatt sie in ihrer Eigendynamik wachsen zu lassen.[143]

---

[143] Vgl. Friedmann 2000, S. 48 – 62.

2.4.1 BIOSTRUKTUR-ANALYSE

Der amerikanische Hirnforscher Paul MacLean unterscheidet in seinen Anfang der 70-er Jahre erschienen Publikationen drei verschieden alte Gehirnbereiche des Menschen:

➢ **Stammhirn** (auch Reptiliengehirn genannt)

  ca. 600 Mio. Jahre alt.

  Gehirn der Selbst-Erhaltung,

  der Ur-Instinkte des Lebens,

  der vegetativen Funktionen des Körpers.

➢ **Zwischenhirn**

  (auch limbisches System genannt),

  ca. 60 Mio. Jahre alt,

  Gehirn der Selbst-Behauptung,

  des sozialen Miteinanders,

  Sitz der Emotionen.

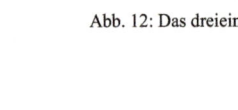

  Stammhirn
  Zwischenhirn
  Großhirn

Abb. 12: Das dreieinige Gehirn[144]

➢ **Großhirn** (auch Neocortex genannt)

  ca. 10 Mio. Jahre alt,

  Gehirn des Selbst-Bewusstseins,

  Reflexion, Logik und Fragen

  Phantasie und Experiment.[145]

Eine Vielzahl neuer molekularbiologischer, neurowissenschaftlicher und genetischer Untersuchungen bestätigt die Arbeiten von MacLean nachdrücklich. Es gilt inzwischen als naturwissenschaftlich abgesichert, dass wesentliche Persönlichkeitsmerkmale eines Menschen von der Arbeitsweise seines Gehirns abhängen. Die Biostruktur eines Gehirns gilt als nicht veränderbar.[146]

---

[144] Aus: Schirm 1998, S. 45.
[145] Vgl. Schirm 1997, S. 8; vgl. Schirm 1998, S. 17 – 47; vgl. Schanz 2000, S. 63 – 66; vgl. Gramm 2006, S. 5.
[146] Vgl. Schoemen, in: Simon 2006, S. 344 f.

Auf der Grundlage dieser Erkenntnisse hat der Anthropologe Rolf W. Schirm ein Persönlichkeitsmodell entwickelt: die Biostrukturanalyse. Sie wird von dem Schweizer Institut IBSA über lizenzierte Trainer vermarktet. Kunden sind zahlreiche Unternehmen, in Deutschland beispielsweise der Allgemeine Wirtschaftsdienst (AWD). Anhand eines Fragekatalogs auf naturwissenschaftlich-biologischer Basis wird versucht herauszufinden, „in welchem Verhältnis sich die drei Bereiche die Herrschaft über das Gehirn teilen, denn dieses Verhältnis ist kennzeichnend für die Grundstruktur der Persönlichkeit."[147] Bei dieser Selbstanalyse werden alle Bereiche als gleichwertig aber auch als sehr voneinander verschieden angesehen. Das Ergebnis dieser Analyse wird auf einer Scheibe bildhaft dargestellt mit den Farben Grün (für die Dominanzstärke des Stammhirns), Rot (Zwischenhirn) und Blau (Großhirn): das Struktogramm. Ziel der Analyse ist Stressreduktion durch gesteigerte Authentizität. Versucht ein Mensch auf Dauer, ein gegen die eigene Natur gerichtetes Verhalten zu zeigen, entsteht ein permanenter Stresszustand von Überforderung mit den Folgen innerer Sinnlosigkeit und äußerer Unglaubwürdigkeit. Verhalten sich Menschen authentisch, indem sie die ihnen entsprechenden Aufgaben erfüllen, kommen auch ihre Erfolgsfaktoren besser an: bei einer starken Grün-Komponente die Sympathie, bei der Rot-Dominanz ist es das Begeistern und im blauen Sektor das Überzeugen. In einem weiteren Schritt, der Fremdanalyse über ein so genanntes Triogramm, wird dieses Wissen auf den Umgang mit anderen Menschen übertragen zur Erhöhung der Sozialkompetenz. Erklärtes Ziel ist es, sensibler für das Verhalten anderer Menschen zu werden, sie in ihrer Individualität besser zu verstehen, adäquat mit ihnen umgehen und Konflikte auf ein Mindestmaß reduzieren zu können. Die Modelle Struktogramm zur Selbstkenntnis und Triogramm zur Menschenkenntnis werden mit großem Erfolg in Führungs-, Verkaufs- und Kommunikationstrainings eingebaut. Das Besondere an der Biostruktur-Analyse ist, dass weniger psychologische Zusammenhänge oder umweltbedingte Einflussfaktoren, sondern vor allem genetisch-biologische Elemente der menschlichen Persönlichkeit beachtet werden[148]. Gemäß Einschätzung der Verfasserin widersprechen sich die verhaltenspsychologischen und gehirnphysiologischen Ansätze nicht, vielmehr bestätigen sie einander.

---

[147]   Schirm 1997, S. 8.
[148]   Vgl. Schoemen, in: Simon 2006, S. 342- 354.

2.4.2 ENNEAGRAMM

Das Enneagramm (griech: ennea = neun; gramm = Buchstabe, Punkt) hat eine lange, verborgene Tradition und ist zugleich eines der aktuellsten Modelle der Menschenkenntnis, eine Hybride (Mischung) aus mehreren alten Weisheitslehren und moderner Psychologie. Die Quellengeschichte ist komplex und noch nicht endgültig erforscht. Es ist eine Verwandtschaft zu der platonischen und pythagoreischen Geisteswissenschaft des antiken Griechenlands erkennbar, in der philosophische Ansätze und mathematisch-geometrische Gesetze als gegenseitige Entsprechungen aufgefasst und formuliert wurden. Auch Verbindungen zu babylonisch-chaldäischem und altägyptischem Gedankengut werden vermutet. Relativ sicher ist, dass es im ausgehenden Mittelalter von Sufi-Bruderschaften weiterentwickelt und als Geheimwissen mündlich weitergegeben worden ist. Sicher ist, dass der armenische Weisheitslehrer Gurdjeff (1877 – 1949) im Jahr 1916 System und Symbol des Enneagramm in einer Petersburger Studiengruppe erstmals öffentlich als universales Diagramm dynamischer Bewegungsabläufe vorstellt. Die Übertragung der neun Seinsqualitäten auf die menschliche Psyche schult er offiziell nicht, wendet sie aber indirekt bei seinen Schülern zur Läuterung auf direkte und unmissverständliche Art und Weise an.[149]

Durch den bolivianischen Lehrer Oscar Ichazo (geb. 1930) wird aus dem System offiziell ein psychologisch dynamisches Persönlichkeitsmodell. Mitte der 50-er Jahre verbindet er das System mit der antiken Vorstellung der Neuplatoniker, dass im Menschen neun göttliche Eigenschaften zum Ausdruck kommen. Er verbreitet die Lehre in Chile, wo 1970 der humanistische Psychologe Claudio Naranjo an einem 40-tägigem Seminar teilnimmt. Dieser bringt das Modell anschließend ans Esalem Institut in Kalifornien. Von dort aus verbreitet sich das Enneagramm zunächst innerhalb wissenschaftlicher Kreise, z.B. der Stanford School of Medicine, und wird in kirchlichen Gemeinschaften aufgenommen, z.B. bei den Jesuiten und Franziskanern.[150] Unternehmen mit ihrem Bedarf an Modellen zur Menschenkenntnis folgen, inspiriert durch die amerikanische Psychologin Helen Palmer, die in mehreren Publi-

---

[149]   Vgl. Vollmar 1995, S. 53 – 57; vgl. Vollmar 2001, S. 13 – 15; vgl. Palmer 2000/1, S. 24 – 37; vgl. Ouspensky 2005, S. 19 – 21; vgl. Blake 1993, S. 17 – 35.
[150]   Vgl. Riso / Hudson 2000, S. 32 – 43; vgl. Gallen / Neidhard 2005, S. 14 – 16; vgl. Harms 2006 S. 27 f; vgl. Vollmar 1995, S. 11 – 18; vgl. Vollmar 2001, S. 15 – 19; Rohr / Ebert 2002, S. 19 – 23; vgl. Gramm 2006, S. 6 f.

kationen den Bezug zur Berufswelt herstellt. Im Jahr 1989 erscheint das erste deutsche Buch auf dem Markt von dem Lutheraner Andreas Ebert und dem amerikanischen Franziskaner Richard Rohr. Inzwischen liegen in Deutschland mehrere Publikationen und wissenschaftliche Arbeiten[151] verschiedener Fachrichtungen rund um das Enneagramm vor.[152]

In der Wirtschaft wird das Enneagramm heran gezogen, wenn es um ganzheitliches Coaching, Teamstrukturierung, Menschenkenntnis für Personen mit Leitungsaufgaben oder um Selbstkontrolle für Führungskräfte geht. Deutsche Veröffentlichungen von Enneagramm-Literatur in Verbindung zum Management liegen von Mächler, Goldberg, Hauser und Tödter/Werner vor. Die Hamburger Unternehmensberatung Impetus[153] wendet das Modell professionell an, wie auch Martin Salzwedel von der St. Galler Business School, einem off-spring der St.Galler Hochschule. Letzterer schreibt auf seiner Homepage: „... bietet das Enneagramm einen USP (ein Marketing-Begriff = Unique Selling Proposition, zu deutsch: einzigartiger Leistungsvorteil), der in dieser Form von keinem anderen Verfahren dargestellt wird: Das Enneagramm beschreibt den Antrieb, die Motivation der unterschiedlichen Verhaltensweisen."[154] Die vorliegende Arbeit beschäftigt sich ausschließlich mit dem Aspekt der Menschenkenntnis in der Berufswelt und nicht mit prozessorientierter Sichtweise von Unternehmensführung in Form von Change Management. Deshalb ist die Grundlage allein das Persönlichkeitsmodell nach Ichazo und seinen Schülern und nicht die Lehre nach Gurdjeffsche. Eine Ausnahme bilden die Publikationen von Vollmar, die beide Linien miteinander verbinden.

Die geschilderte Herkunft des Enneagramm macht es interessant, da es als sehr altes, durch viele Generationen von Menschen und Kulturen geschliffenes und erprobtes Modell gilt. Anderseits macht es das System wissenschaftlich auch angreifbar, da die Herkunft nicht eindeutig geklärt ist. Mathematische, mystische, spirituelle, theologische, psychologische, philosophische und nicht zuletzt auch biologische Faktoren

---

[151] Vgl. Harms 2006; vgl. Niederwieser 2002; vgl. Winkler 2001; vgl. Friedmann 2000.
[152] Vgl. Lendt 2005 (Internet).
[153] www.impetus.de
[154] Salzwedel 2007 (Internet), S. 2.

vermischen sich in der Lehre. International und interdisziplinär wird zwischenzeitlich versucht, eine wissenschaftliche Basis zu schaffen. Bis eine Bestätigung von anerkannt offizieller Seite erfolgt, sind alle selbst aufgerufen, die Wirksamkeit in der eigenen Umgebung selbst zu verifizieren oder falsifizieren. Nach den Erfahrungen der zahlreichen Enneagramm-Autoren und auch der Autorin vorliegender Arbeit sowie den Seminarteilnehmern ist die Stimmigkeit und Wirksamkeit des Systems in der Realität deutlich erkennbar.

Der Kreis des Enneagramm-Symbols steht für ein nach außen hin abgegrenztes Ganzes, eine Einheit. Das Dreieck im Innern steht für die einer Einheit innewohnenden drei Qualitäten oder Lebensbereiche. An den Spitzen befinden sich die zentralen Charaktermuster der jeweiligen Hauptzentren: Die „3" im Herzzentrum, die „6" im Kopfzentrum und die „9" im Bauchzentrum.

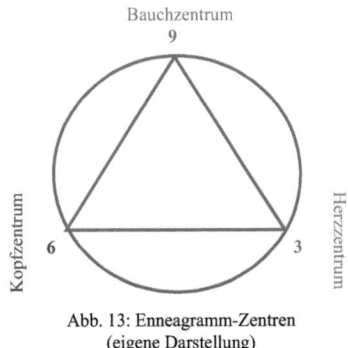

Abb. 13: Enneagramm-Zentren
(eigene Darstellung)

Das Bauchzentrum repräsentiert die Welt der Instinkte und des Handelns in der Spannweite von der Wut über Schroffheit und Bestimmtheit bis zur Tatkraft. Viele Vertreter dieses Zentrums sind im Bereich der Führungskräfte zu finden. Das Herzzentrum beinhaltet den Lebensbereich der Gefühle und Beziehungen in der Spannweite von Scham über Eitelkeit und Freundlichkeit bis hin zu menschlicher Nähe. Hier sind vor allem die dem Menschen zugewandten und kreativen Berufe beheimatet. Im Kopfzentrum, dem Bereichs des Denkens und der Ideen, sitzt die Spannweite von der Angst über Unsicherheit und Vorsicht bis zum Mut, sammeln sich die Erfinder, Tüftler und Vorausdenker eines Unternehmens

In der Komplettierung des Symbols (Abb. 18) bleiben die drei mittigen Charaktermuster 3 – 6 – 9 der jeweiligen Zentren über ein Dreieck miteinander verbunden. Jeweils links und rechts davon sind insgesamt sechs weitere Charaktermuster 1 – 2 – 4 – 5 – 7 – 8 auf dem Kreis angeordnet, die über ein verdrehtes Hexagramm (schwarze Linien) miteinander verbunden sind. Das ergibt insgesamt dreimal drei, also neun Typen.

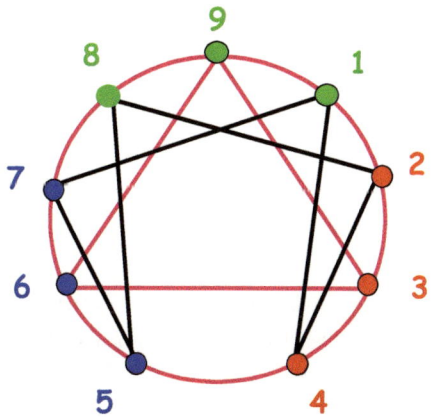

Abb. 14: Enneagramm-Symbol[155]

Die verschiedenen Farben kennzeichnen die einem Zentrum zugehörigen Charaktermuster: 8, 9 und 1 repräsentieren das Bauchzentrum in grün, 2, 3 und 4 das Herzzentrum in rot, 5, 6 und 7 das Kopfzentrum in blau. Es herrscht in der Literatur ohne Ausnahme geschlossene Einigkeit über die Symbolik, wie sie in obiger Abbildung dargestellt ist. Alle Typen sind gleichwertig und alle werden symbolisch mit Ziffern bezeichnet. Der Hintergrund ist nicht nur ein philosophisch-mathematischer, sondern auch ein pragmatischer. Jede Bezeichnung würde im Sinne von vertikaler Persönlichkeitsentwicklung den jeweiligen Typus auf eine Entwicklungsstufe festschreiben, was im Widerspruch zur Neutralität und Dynamik des Systems stünde. Beispielsweise könnte der Typus 5 als Geizkragen, Schüchterner, Denker, Objektiver, Entdecker, Wissenschaftler oder Weiser bezeichnet werden, je nach persönlichem Entwicklungsstand.

Die Dynamik des Modells ergibt sich über die jeweils links und rechts benachbarten Charaktermuster, genannt Flügel. So ist der Zweiertypus im Sinne von horizontaler

---

[155]   Vgl. Jaxon-Bear 2003, S. 339; vgl. Riso / Hudson 2000, S.36; vgl. Mächler 1998, S. 104.

Persönlichkeitsentwicklung dazu aufgerufen, sich auch die Charaktereigenschaften des Einser- und des Dreier-Typus anzueignen, sozusagen „die Flügel auszubreiten". Jede Charaktereigenschaft kann aus ihrem Rohzustand heraus weiter entwickelt, also geschliffen werden. Beispielsweise wird der gnadenlose Konkurrenzkampf des Dreier-Musters zu wahrhaftigem Erfolgsstreben verändert. Die Höherentwicklung jedes einzelnen Charaktermusters (vertikale Persönlichkeitsentwicklung) vom gestörten über den normalen zum gesunden Bereich ist in neun verschiedenen Stufen als Ergebnis jahrelanger Forschungsarbeit des Enneagram World Headquarters in New York[156] sehr gut bei Riso/Hudson[157] beschrieben.

Außerdem gibt es von jedem Punkt aus jeweils zwei Verbindungslinien zu weiter entfernt im System liegenden Charakteren, die Trost- und Stresspunkte[158], Integrations- und Regressions-/ Desintegrationspunkte[159], oder auch Verwicklungs- und Entwicklungslinien[160] genannt. Sie zeigen das Verhalten im Stresszustand, wo sich beispielsweise ein hilfsbereiter Zweiertypus wie ein am anderen Ende der Linie liegender Achter unverschämt ablehnend zeigen kann. Die zweite Linie führt zum Vierer Charaktermuster, was in dem Fall den Trostpunkt darstellt und die sensible Wahrnehmung der eigenen Bedürfnisse fördert. So hat letztendlich jeder Typus Bezug zu insgesamt fünf verschiedenen Seinsbereichen (zwei Flügel, Trost- und Stresspunkt und der eigene Typ), die alle integriert, gelebt und weiter entwickelt werden wollen. Nur über die Integration „fremder" Eigenschaften nach einem ganz bestimmten System integraler Persönlichkeitsentwicklung kann das Ziel, die Fallstricke und Fixierungen des eigenen Charaktermusters zu überwinden, und somit über das Modell hinaus zu wachsen, erreicht werden. Das System, weist ausgehend von der Einfachheit neun verschiedener Charaktermuster in einer tiefer gehenden Betrachtung über dynamische Verbindungen untereinander und unterschiedliche Entwicklungszustände im Ergebnis etwa 6,4 Millionen verschiedene Persönlichkeiten aus, was der

---

[156] www.enneagraminstitute.com.
[157] Vgl. Riso / Hudson 2000, S. 113 – 130.
[158] Vgl. Rohr / Ebert 2002, S. 216 – 229; vgl. Jaxon-Bear 2003, S. 323 – 334; vgl. Gallen / Neidhardt 2005, S. 42 – 47; vgl. Palmer 2000/1, S. 71 - 74
[159] Vgl. Riso / Hudson 2000, S. 130 – 139; vgl. Hauser 1995, S. 243 – 285.
[160] Vgl. Harms 2006, S. 60 – 63.

menschlichen Individualität recht nahe kommt. Letztendlich gibt es keine Typen sondern nur Menschen.

Im Folgenden werden alle neun Persönlichkeitstypen gemäß der drei Zentren im beruflichen Kontext kurz charakterisiert. Gleichzeitig wird eine gedankliche Analogie zu den acht Kommunikationsstilen der Differentiellen Kommunikationspsychologie[161] (kurz: Kommunikation) hergestellt. Grundlage hierfür ist die vorliegende, beruflich orientierte Enneagramm-Literatur von Goldberg, Mächler, Palmer, und Tödter/Werner, die Kommunikationsliteratur von Schulz von Thun, sowie Beobachtungen, Erfahrungen und Erkenntnisse der Verfasserin.

Die Bauchtypen (Handlungstriade)
Bereich der Instinkte, der Bestimmtheit, der Wut, der Tatkraft, des Handelns.

Typus Acht[162]
Lebt die Wut direkt und unmittelbar, hohe Konfliktbereitschaft, dominant und konfrontativ, kontrolliert energisch Raum und Territorium, braucht Macht, übernimmt gern Führung und setzt sich durch, ist stark und robust. Harte Schale – weicher Kern.

Kontaktverhalten:	Selbstbewusst, provokativ, präsent, fordernd, direkt, laut.
Arbeitsstil:	Praxisbezogen, nutzenorientiert, tatkräftig, energiegeladen.
Führungsstil:	Offen, ehrlich, gerecht, direkt, autokratisch, grob, beschützend
Bereich:	Produktion, Vertrieb, Unternehmensführung
Position:	Boss
Kommunikation:	Aggressiv-entwertend[163] (in der Entwicklung zu führungsstark).[164] Eindeutige Zuordnung des Enneagrammtypus zu diesem Kommunikationsstil möglich.

---

[161] Vgl. vorliegende Arbeit, Kapitel 2.3.2.
[162] Vgl. Goldberg 1998, S. 246 – 274; vgl. Mächler 1998, S. 130 – 132; vgl. Palmer 2000/2, S. 256 – 283; vgl. Palmer / Brown 2000, S. 291 – 322; vgl. Tödter / Werner 2006, S. 48 – 59.
[163] Vgl. Schulz von Thun 2006/1, Band 2, S. 115 – 152.
[164] Vgl. vorliegende Arbeit, Kapitel 2.3.2.

Typus Neun[165]

Hat seine Sensoren soweit herunter gefahren, dass er keine Wut mehr in sich spüren muss, dadurch verringerte emotionale und geistige Präsenz, nimmt sich selbst nicht so wichtig, mag keinen Druck von außen, braucht Harmonie und kann sie erzeugen.

Kontaktverhalten:	Passiv, freundlich, vorurteilsfrei, konfliktscheu, abwesend, stur
Arbeitsstil:	Aussitzend, reaktiv, passiv-aggressiv, gleichmäßig, ausdauernd.
Führungsstil:	Fair, kameradschaftlich durch Konsens oder dickköpfig über strikte Vorgaben.
Bereich:	Überall, aber vor allem in Verwaltung und Betriebsrat.
Position:	Vermittler, Verwalter, Leiter.
Kommunikation:	Keine Zuordnung zu einem Kommunikationsstil möglich.

Typus Eins[166]

Lebt die Wut nach innen gerichtet in Form von Disziplin und Prinzipientreue, bringt großen Einsatz zur Erreichung selbstgesteckter, reformorientierter hoher Ideale, Ziele und Werte. Leistet zuverlässig perfekte Arbeit, erwartet das auch von anderen.

Kontaktverhalten:	Ernst, kritisch, zurückhaltend, bestimmend, gute Manieren.
Arbeitsstil:	Gewissenhaft, praktisch, strukturiert, organisiert, effizient.
Führungsstil:	Sachlich, vorbildlich, verantwortungsvoll, verlässlich, streng.
Bereich:	Organisation, Personalentwicklung, Qualitätssicherung, Controlling, Unternehmensführung.
Position:	Leiter, Lehrer, Ausbilder.
Kommunikation:	Bestimmend-kontrollierend[167]. (in der Entwicklung zu selbstbestimmter Strukturiertheit).[168] Eindeutige Zuordnung möglich.

---

[165] Vgl. Goldberg 1998, S. 275 – 309; vgl. Hauser 1995, S. 158 – 160; vgl. Mächler 1998, S. 132 – 134; vgl. Palmer 2000/2, S. 284 – 312; vgl. Palmer / Brown 2000, S. 323 – 359; vgl. Tödter / Werner 2006, S. 60 – 71.
[166] Vgl. Goldberg 1998, S. 31 – 61; vgl. Hauser 1995, S. 46 – 48; vgl. Mächler 1998, S. 135 – 137; vgl. Palmer 2000/2, S. 59 – 92;   vgl. Palmer / Brown 2000, S. 56 – 88; vgl. Tödter / Werner 2006, S. 72 – 83.
[167] Vgl. Schulz von Thun 2006/1, Band 2, S. 170 – 190.
[168] Vgl. vorliegende Arbeit, Kapitel 2.3.2.

Die Herztypen (Gefühlstriade)

Bereich der Emotionen, Eitelkeit, Scham, menschlichen Zuwendung, Beziehungen.

Typus Zwei[169]

Schämt sich für die eigene Bedürftigkeit, projiziert sie nach außen auf andere Menschen und hilft gütig, auch über die eigenen Grenzen und die anderer hinaus. Arbeitet um mit anderen Menschen in Kontakt zu sein und ihnen zu gefallen.

Kontaktverhalten:	Herzlich, hilfsbereit, schmeichelnd, empathisch, stolz, laut.
Arbeitsstil:	Vielseitig, emotional, unterstützend, helfend, tüchtig, energisch.
Führungsstil:	Persönlich, ermutigend, fürsorglich, großzügig, manipulierend.
Bereich:	Organisation, Personalwesen, überall wo Hilfe benötigt wird.
Position:	Assistenz, Sozialer Mittelpunkt, „Macht hinter dem Thron".
Kommunikation:	Helfend[170] (bis hin zur Co-Abhängigkeit).[171]
	Eindeutige Zuordnung möglich.

Typus Drei[172]

Schämt sich für die eigenen Gefühle, ohne sich dessen bewusst zu sein. Identifiziert sich mit Aufgaben, Leistung und Erfolg, um anderen zu gefallen, konzentriert sich dabei mehr auf die Ziele als auf die Mittel, baut sich ein gefälliges Image auf.

Kontaktverhalten:	Charmant, konkurrierend, werbend, adäquat, beschönigend.
Arbeitsstil:	Effektiv, flexibel, schnell und viel, erfolgsorientiert, ehrgeizig.
Führungsstil:	Motivierend, begeisternd, aufgabenorientiert, dynamisch.
Bereich:	Marketing, Handel, Verkauf.
Position:	Bester einer Gruppe.
Kommunikation:	Sich beweisend[173] (zwischen Flexibilität und Kontrollverlust).[174] Eindeutige Zuordnung möglich.

---

[169] Vgl. Goldberg 1998, S. 62 – 92; vgl. Hauser 1995, S. 60 – 62; vgl. Mächler 1998, S. 114 – 116; vgl. Palmer 2000/2, S. 93 – 118; vgl. Palmer / Brown 2000, S. 89 – 122; vgl. Tödter / Werner 2006, S. 84 – 95.

[170] Vgl. Schulz von Thun 2006/1, Band 2, S. 76 – 92.

[171] Vgl. vorliegende Arbeit, Kapitel 2.3.2.

[172] Vgl. Goldberg 1998, S. 93 – 126; vgl. Hauser 1995, S. 73 – 75; vgl. Mächler 1998, S. 117 – 119; vgl. Palmer 2000/2, S. 119 – 145; vgl. Palmer / Brown 2000, S. 123 – 159; vgl. Tödter / Werner 2006, S. 96 – 108.

Typus Vier[175]

Schämt sich für die eigene Stärke im Innern, gibt sich nach außen hin schwach. Will sich von anderen unterscheiden und etwas Besonderes sein, auch im Hinblick auf Aufgaben und Herangehensweise, dringt zum Kern einer Sache vor.

Kontaktverhalten: Gefühlvoll, individuell, kultiviert, entrückt, abgehoben, anders.

Arbeitsstil: Kreativ, ästhetisch, unkonventionell, sensitiv, kompliziert, kühn

Führungsstil: Sanft, eigenwillig, emotional, intensiv, authentisch, radikal.

Bereich: Kreative Gestaltung, Entwicklung.

Position: Besondere Stellung.

Kommunikation: Bedürftig-abhängig[176] (in der Entwicklung zu Vertrauensvoller Hingabe).[177] Hier wird allein der schwache und sensible Anteil thematisiert, eine Erweiterung um die kreative und ästhetische Seite ist erforderlich, um den Kommunikationsstil dem Typus Vier des Enneagramms zuordnen zu können.

Die Kopftypen (Denktriade)

Bereich der Gedanken, Unsicherheit, Angst, Ideen, des Mutes und Bewusstseins.

Typus Fünf[178]

Hat Angst vor menschlicher Nähe und zieht sich deshalb zurück. Beobachtet genau, denkt scharfsinnig nach und geht einer Sache auf den Grund. Ist bescheiden und zurückhaltend mit Emotionen, Wissen und persönlicher Präsenz, hortet gern.

Kontaktverhalten: Scheu, beobachtend, neutral, sachlich, sich abwendend, kalt.

Arbeitsstil: Analytisch, konzentriert, unabhängig, objektiv, systematisch.

---

[173] Vgl. Schulz von Thun 2006/1, Band 2, S. 153 – 169.
[174] Vgl. vorliegende Arbeit, Kapitel 2.3.2.
[175] Vgl. Goldberg 1998, S. 127 – 156; vgl. Hauser 1995, S. 87 – 88; vgl. Mächler 1998, S. 119 – 121; vgl. Palmer 2000/2, S. 146 – 170; vgl. Palmer / Brown 2000, S. 160 – 190; vgl. Tödter / Werner 2006, S. 109 – 120.
[176] Vgl. Schulz von Thun 2006/1, Band 2, S. 61 – 75.
[177] Vgl. vorliegende Arbeit, Kapitel 2.3.2.
[178] Vgl. Goldberg 1998, S. 157 – 188; vgl. Hauser 1995, S. 101 – 103; vgl. Mächler 1998, S. 122 – 124; vgl. Palmer 2000/2, S. 171 – 199; vgl. Palmer / Brown 2000, S.191 – 223; vgl. Tödter / Werner 2006, S. 121 – 132.

Führungsstil: Minimalistisch, nüchtern, philosophisch, distanziert, formell.

Bereich: Forschung und Entwicklung, Controlling

Position: Außerhalb der Hierarchie, Stabsstelle.

Kommunikation: Sich distanzierend[179] (zwischen Zurückhaltung und Isolati-
on).[180] Eindeutige Zuordnung möglich.

Typus Sechs[181]

Projiziert seine Angst auf die Außenwelt und fühlt sich sicher in einem System mit
klarer Rangordnung und Regeln, in das er sich willig einfügt und unauffällig anpasst.
Räumt Hindernisse und Probleme aus dem Weg, ist auf Widersprüche fixiert.

Kontaktverhalten: Schüchtern, warmherzig, unsicher, skeptisch, analytisch, treu.

Arbeitsstil: Zuverlässig, präventiv, pflichterfüllend, einfallsreich, gründ-
lich.

Führungsstil: Kooperativ, verbindlich, loyal, misstrauisch, zögerlich.

Bereich: Produktion, Technik, Handwerk.

Position: Einer unter Gleichen, oder Teamchef.

Kommunikation: Selbst -los[182] (in der Entwicklung zu Dienmut).[183]

Die Motivation zum Dienen resultiert aus dem Bedürfnis nach
Distanz und Sicherheitsstreben (Dauer). Unter diesem Blickwinkel ist die Zuordnung des Selbst-losen Stils zum Kopftyp 6
des Enneagramms stimmig.

Typus Sieben[184]

Flüchtet vor der Angst in Abwechslung, Abenteuer, Spaß und Unverbindlichkeit.
Kann von allem nie genug kriegen, hat immer zu viele Projekte gleichzeitig laufen

---

179 Vgl. Schulz von Thun 2006/1, Band 2, S. 191 – 227.
180 Vgl. vorliegende Arbeit, Kapitel 2.3.2.
181 Vgl. Goldberg 1998, S. 189 – 217; vgl. Hauser 1995, S. 115 – 117; vgl. Mächler 1998, S. 124 –
     127; vgl. Palmer 2000/2, S. 200 – 227; vgl. Palmer / Brown 2000, S.224 – 255; vgl. Tödter /
     Werner 2006, S. 133 – 144.
182 Vgl. Schulz von Thun 2006/1, Band 2, S. 93 – 114.
183 Vgl. vorliegende Arbeit, Kapitel 2.3.2.
184 Vgl. Goldberg 1998, S. 218 – 245; vgl. Hauser 1995, S. 128 – 130; vgl. Mächler 1998, S. 127 –
     129; vgl. Palmer 2000/2, S. 228 – 255; vgl. Palmer / Brown 2000, S.256 – 290; vgl. Tödter /
     Werner 2006, S. 145 – 156.

hat, liebt mehr die Möglichkeiten und Ideen als das reale Ergebnis. Kann Neues, Ungewöhnliches und Komplexes zustande bringen und andere dazu motivieren.

Kontaktverhalten:	Faszinierend, erzählend, interessant, neugierig, aufgeschlossen.
Arbeitsstil:	Schnell, ideenreich, planend, innovativ, prozessorientiert.
Führungsstil:	Laisser-faire, visionär, optimistisch, motivierend, spontan.
Bereich:	Vertrieb, Networking.
Position:	Selbstbestimmt ohne direkten Chef und ohne Unterstellte.
Kommunikation:	Mitteilungsfreudig-dramatisierend[185] (zwischen Selbstbezogenheit u. Mitteilungsfreudigkeit).[186] Eindeutige Zuordnung möglich.

Die Kommunikationsstile der Differentiellen Kommunikationspsychologie ermöglichen das bewusste Wahrnehmen unterschiedlicher Verhaltensstile von Menschen und einen ersten Ansatz zum Verständnis der darunter liegenden Lebenseinstellungen. Die Erweiterung des eigenen Handlungsrepertoires im Umgang mit anderen Charakteren ist eine Folge davon. Das Enneagramm dient vor allem der Auseinandersetzung mit den Stärken und Schwächen der eigenen Persönlichkeit sowie den typbedingten Eigenschaften. Neben der Persönlichkeitsentwicklung eignet es sich im beruflichen Kontext als Coachingwerkzeug, zur Klärung und Harmonisierung zwischenmenschlicher Beziehungen und in der Mediation als Baustein zur Lösung von Konflikten.[187] Die einprägsame Symbolik erleichtert das Erfassen komplexer Persönlichkeits- und Beziehungsstrukturen. Als Testverfahren ist es nur bedingt geeignet[188], es entfaltet seine volle Kraft in der mündlichen Tradition.[189] Die Typerkennung erfolgt im Rahmen eines Seminares durch einen konsensuellen Akt, bei dem sich der Einzelne anhand der im Modell vorgesehenen Möglichkeiten zuordnet bzw. zuordnen lässt. Allerdings setzt dies eine erfahrene und geschickte Leitung voraus. Beide Wissenschaften sind frei zugänglich, unterliegen keiner Lizenzierung. Sie ergänzen sich von der Selbstkenntnis über Menschenkenntnis zum Individuellen Kommunikationstraining.

---

[185] Vgl. Schulz von Thun 2006/1, Band 2, S. 93 – 114.
[186] Vgl. vorliegende Arbeit, Kapitel 2.3.2.
[187] Vgl. Simon 2006, S. 212 f.
[188] Vgl. ebenda, S. 213 f.
[189] Vgl. Palmer 2000/1, S. 24 - 26.

2.5   VERKNÜPFUNG DER MODELLE

2.5.1   VIER-KOMPONENTEN-MODELLE

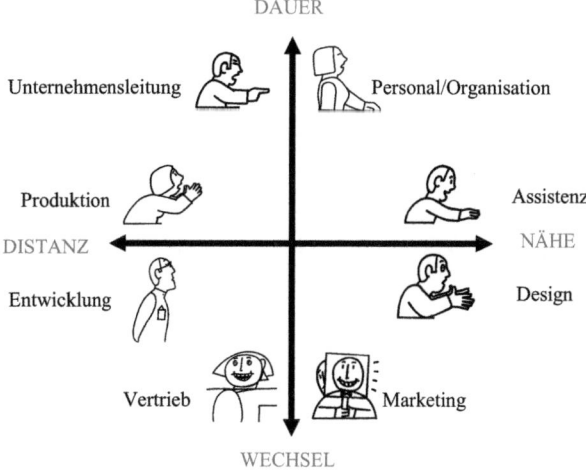

Abb. 15: Kommunikationsdiagramm (eigene Darstellung)

Die acht Kommunikationsstile der Differentiellen Kommunikationspsychologie in die vier Grundstrebungen nach Riemann / Thomann übertragen ergeben ein geschlossenes und in sich stimmiges System.[190] Es veranschaulicht auf vielfache Weise, die Wechselwirkungen der Typen untereinander und dient als wertvolles Handwerkszeug im Erkennen von Zusammenhängen und Erarbeiten von Lösungen in der Kommunikation und Kooperation miteinander. Jeder Bereich beinhaltet Eigengesetzlichkeiten, die sich auch auf betrieblicher Ebene in den einzelnen Abteilungen wiederspiegeln. In der obigen Abbildung wurde ein Versuch der Zuordnung gewagt. So ist beispielsweise beim Wechsel-Pol auf der Nähe-Seite das umtriebige Marketing angesiedelt, das gerne sich nach außen präsentiert. Daneben auf der Distanzseite der ist der Vertrieb angesiedelt. Dort sind Menschen tätig, die nach draußen gehen, um sich dort zu präsentieren, also die Nähe und Geborgenheit der Firma nicht primär

---

[190]   Gemäß persönlichem Schreiben vom 20. Juni 2007 ist Schulz von Thun mit dieser Zuordnung „im Großen und Ganzen" einverstanden.

brauchen. Beide lassen sich gerne durch mehr Freiraum belohnen und motivieren, die anderen Pole durch interessantere Aufgaben (Distanz), mehr Verantwortung (Dauer) oder öffentliche Anerkennung (Nähe).

2.5.2 DREI-KOMPONENTEN-MODELLE

Diese Dreiteilung wird nicht von allen Autoren thematisiert, nicht so bei Goldberg, Gallen/Neidhardt, Hauser und Harms, wo direkt zur Beschreibung der daraus resultierenden neun Charaktermuster übergegangen wird. Die Qualitäten der Zentren werden ausführlich bei Jaxon-Bear[191], Mächler[192], Palmer[193] und Rohr/Ebert[194] beschrieben und decken sich weitestgehend mit der psychologischen Sichtweise von Körper – Seele – Geist, der Biostruktur von Gehirnzentren des Struktogramms[195], der Psychographie Winklers[196] und der Prozessorientierten Persönlichkeitspsychologie Friedmanns.[197] Allein die Autoren Riso/Hudson[198] und Küstenmacher[199] stellen eine direkte Verbindung zur Gehirnforschung und den drei Gehirnzentren her.

Da die Enneagramm-Symbolik bereits eine Dreiteilung gemäß dem inneren Dreieck aufweist und die Analogie der inneren Qualitäten dieser Bereiche augenfällig ist, liegt eine Verbindung zwischen dem auf der Gehirnforschung basierenden Struktogramm und dem Enneagramm nahe. Nebenstehendes Schaubild zeigt die drei Gehirne den Enneagramm-Zentren zugeordnet.

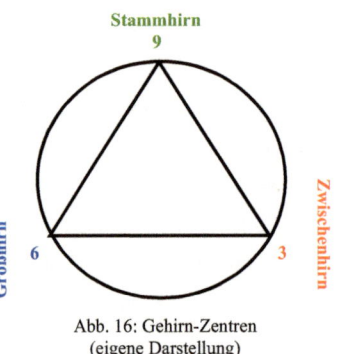

Abb. 16: Gehirn-Zentren
(eigene Darstellung)

---

[191] Vgl. Jaxon-Bear 2003, S. 60 – 64.
[192] Vgl. Mächler 1998, S. 100 – 104.
[193] Vgl. Palmer 2000/1, S. 63 – 65.
[194] Vgl. Rohr / Ebert 2002, S. 40 – 46.
[195] Vgl. Einführung zu Kapitel 2.4 und Kapitel 2.4.1 der vorliegenden Arbeit.
[196] Vgl. Winkler 2001, S. 140.
[197] Vgl. Friedmann 2000, S. 151 – 178.
[198] Vgl. Riso / Hudson 2000, S. 77.
[199] Vgl. Küstenmacher 1998, S. 20 – 24.

2.5.3 KOMMUNIKATIONSENNEAGRAMM

Die acht Kommunikationsstile der Differentiellen Kommunikationspsychologie in der Zuordnung zu den einzelnen Charaktermustern des Enneagramms ergeben folgendes Bild:[200]

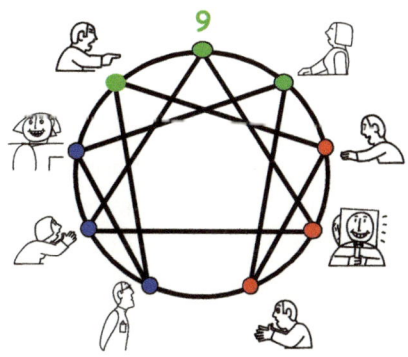

Abb. 17: Kommunikationsenneagramm (eigene Darstellung)

Bei der Zuordnung eines Achter- auf ein Neuner-System muss zwangsläufig ein Charaktermuster übrig bleiben, es ist das neunte. Gemäß Enneagramm-Systematik beginnt der Kreis der Charaktere bei der Neun und endet auch dort. Im Symbol lässt sich gut erkennen, dass sie in der Mitte von zwei gedachten Hälften links/rechts steht. Die Neun ist Vermittler zwischen den anderen, „verhakt" sich in der Kommunikation nicht und hat kein ihr gegenüberliegendes Pendant. Insofern macht es Sinn, dass genau dieses Charaktermuster übrig bleibt.

Der Vorteil dieser Anschauung liegt darin begründet, dass die Nummern einprägsame Gesichter bekommen und somit auch visuell die Verknüpfung von innerer Erlebniswelt und äußerem Kommunikationsverhalten erkennbar wird. Ein Nachteil ist die Wertung, die die einzelnen Charaktermuster dadurch erfahren, dass sie in einem bestimmten Entwicklungszustand innerhalb ihres Charaktermusters dargestellt werden.

---

[200] Gemäß persönlichem Schreiben vom 20. Juni 2007 ist Schulz von Thun auch mit dieser Zuordnung „im Großen und Ganzen" einverstanden.

Man kann einen Menschen nichts lehren.

Man kann ihm nur helfen,

es in sich selbst zu entdecken.

Galileo Galilei

3   EMPIRISCHE STUDIE ZUR MENSCHENKENNTNIS

3.1   IDEE ZUR STUDIE

Ziel jeder Wissenschaft ist das Erkennen von Wirkungszusammenhängen in einem sachlich geordneten Zusammenhang. Bei den Erfahrungswissenschaften, zu denen die Betriebswirtschaftslehre zählt, ist der Erkenntnisprozess von Dingen und Menschen ein dynamischer, praktischer, empirischer.[201] Erkenntnisziel der vorliegenden Untersuchung ist die Prüfung folgender Hypothese:

> Die Schulung und gezielt praktische Anwendung von Menschenkenntnis wirkt sich positiv auf die Zufriedenheit der Mitarbeiter und das Arbeitsergebnis eines wirtschaftlichen Unternehmens aus.

Die Hypothese wird nach dem deduktiven Prinzip überprüft, indem sieben Einzelfallstudien und siebzehn berufliche Beziehungen im Hinblick auf die Wirkung professionell geschulter Menschenkenntnis beleuchtet werden. Erkenntnisobjekt hierbei ist nicht die Fiktion des rein zweckrational denkenden und handelnden „homo oeconomicus", sondern der individuelle, gesunde, berufstätige Mensch an seinem Arbeitsplatz und in den sozialen Beziehungen seines Arbeitsumfeldes. Die Messung von Ausschnitten der Beobachtungsrealität erfolgt mittels ordinalskalierter, standardisierter Fragebögen und mündet in eine statistische Verarbeitung der Messdaten in Form von Tabellen und Schaubildern. Anschließend folgt eine kritische Würdigung und interpretierende Zusammenfassung der Forschungsergebnisse, ein daraus abgeleitetes Handlungskonzept beschließt die empirische Studie.

---

[201]   Vgl. Wöhe 2002, S. 22.

Ausgehend von dem Bestreben, einen Beitrag zur Verbesserung zwischenmenschlichen Verhaltens in Unternehmen zu leisten, hält die Autorin seit 1999 Kommunikationstraingsseminare im beruflichen Kontext, seit 2005 unter der Firmierung Pro-Gramm. Durch die Erfahrung in der angewandten Seminarpraxis kristallisierte sich zunehmend deutlich heraus, dass stimmiges Kommunikationsverhalten individuell verschieden ist. Es bedurfte eines vertiefenden Studiums von Menschenkenntnis, um die jeweils individuell passenden Kommunikationsformen erkennen und anwenden zu können. Nach verschiedenen Probeläufen wurden die gesammelten neuen Erkenntnisse erstmals 2006 im Rahmen eines Projektes[202] professionell in einem Unternehmen geschult. Für die vorliegende Diplomarbeit konnte das Wissen noch einmal deutlich vertieft und auf insgesamt vier Seminartage erweitert werden. Daraus entwickelte die Verfasserin vorliegendes Konzept einer Einzelfallstudie, die sich aus folgenden Modulen zusammen setzt: vier Seminartage Schulung von Menschenkenntnis, zwei praktische Umsetzungsphasen, eine davon mit individuellem Coaching begleitet, und drei Evaluierungen durch Selbsteinschätzungsfragebögen.

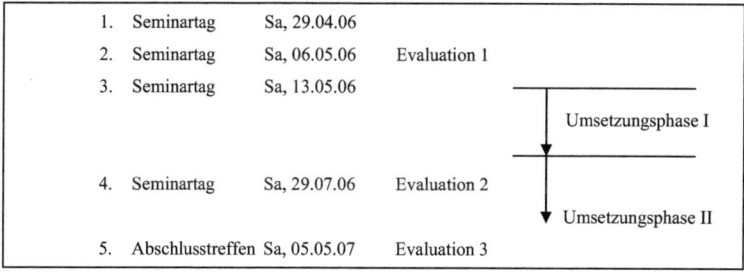

Abb. 18: Aufbau der Studie

Im Rahmen von drei Präsentationen entschieden sich zur Teilnahme der Inhaber, der Geschäftsführer und eine Mitarbeiterin der Firma GRAD° Kopiersysteme GmbH aus Ettlingen, ein Unternehmen aus dem Bereich Handel und Wartung mit insgesamt 23 Mitarbeitern. Außerdem nahmen teil drei Mitarbeiter sowie eine Mitarbeiterin des mittleren Managements der Firma Physik Instrumente GmbH & Co. KG aus Karls-

---

[202] Vgl. Gramm 2006.

ruhe, einem weltweit tätigen mittelständigen Unternehmen der Nanotechnologie mit insgesamt 350 Mitarbeitern.

Das Probandenteam im Überblick nach Alter und Position:

45-jähriger Inhaber und Geschäftsführer,

44-jährige Verwaltungsmitarbeiterin,

41-jähriger stellvertretender Leiter Engineering,

40-jähriger Geschäftsführer,

40-jähriger Leiter Entwicklungsorganisation,

39-jähriger Leiter Entwicklung Elektronik,

36-jährige Leiterin Entwicklung Software & Applikation.

3.1.1 SEMINARREIHE

Die Seminare wurden von der Verfasserin geleitet und fanden jeweils von 09:00 bis 17:00 am Konferenztisch im Seminarraum der Firma GRAD° in Ettlingen statt. Als Medien wurden Flip-Chart, Whiteboard, Pinnwand für Metaplan-Technik und Beamer mit Leinwand für Powerpointpräsentationen genutzt.

Der erste Seminartag stand unter dem Motto ‚Persönlichkeitsprofilierung'. Es wurden Persönlichkeitssysteme im Überblick gekennzeichnet und hierbei besonders die Biostrukturanalyse mit der zugrunde liegenden Gehirnforschung näher beleuchtet. Den größten zeitlichen Raum nahm die Erklärung des ENNEAGRAMM-Modells mit der Darstellung aller neun Charaktermuster in Anspruch. Das ENNEAGRAMM steht in der mündlichen Tradition.[203] Schriftliche Testverfahren eignen sich nur bedingt zur Selbsterkenntnis dieses Systems, da sie mehr die momentanen äußeren Wesensmerkmale erfassen und weniger die zugrunde liegenden inneren Motive.[204] Die Zuordnung der Personen zu einem der vorgegebenen Charaktermuster erfolgt weder durch objektive Fakten (Geburtsdatum, äußere Erscheinungsmerkmale) noch durch subjektive Einschätzungen der Person (z.B. introvertiert – extrovertiert). Es ist ein

---

[203] Vgl. Palmer 2000/1, S. 24 – 26.
[204] Vgl. Simon 2006, S. 215 f.

konsessueller Akt, bei dem sich der Einzelne anhand der im Modell vorgesehenen Möglichkeiten erkennt und zuordnet.[205] Am Ende dieses Seminartages hatten sechs von sieben Teilnehmern (86 %) ihr Charaktermuster gefunden, drei davon mit helfender Unterstützung der Leitung.

Der zweite Seminartag stand unter dem Motto ‚Persönlichkeitsentwicklung'. Es ging darum, die Dynamik innerhalb des Systems kennen zu lernen und eine Einschätzung des eigenen Entwicklungsstandes zu wagen. Dabei wurden Stärken und Schwächen näher beleuchtet, verborgene Talente und Potenziale identifiziert. Einzelnen Probanden wurde klarer, warum sie bestimmte Aufgaben und Berufe gewählt hatten und mit bestimmten Herausforderungen ihre Schwierigkeiten hatten und haben. Lösungsstrategien zur persönlichen Entfaltung und beruflichen Weiterentwicklung konnten entwickelt werden, Fallen enttarnt. Letztendlich erkannten an diesem Tag alle (100 %) ihr persönliches Charaktermuster bzw. wurden sich ihrer Erkenntnis sicherer. Eine Befragung beim letzten Treffen am 5 . Mai 2007 hat ergeben, dass keine dieser Einschätzungen seither revidiert werden musste. Die Zuordnung der Charaktermuster befindet sich in Klammern hinter der Aufzählung der Probandenliste unter Punkt 3.1. dieses Kapitels.

Der dritte Seminartag stand unter dem Motto ‚Individuelle Kommunikation'. Es wurden die vier Grundstrebungen nach Riemann/Thomann vorgestellt und die Differentielle Kommunikationspsychologie nach Schulz von Thun. In einem angeleiteten Prozess konnten die Probanden die Kompatibilität der Systeme selbst erkennen. Anschließend wurde in Einzelgruppen der Umgang mit den verschiedenen Typen erarbeitet und dann allen in der Gesamtgruppe vorgetragen. Grundlage hierfür bildete das bis dahin erworbenen Wissen über Charaktertypen und Kommunikationsverhalten. Es ging darum, sich erste Werkzeuge für Menschenkenntnis zu erarbeiten, Gespür und Wissen dafür zu bekommen, mit wem wie umzugehen ist und wie nicht. Mehr Sensibilität für eine erweiterte und in der Anwendung individuellere Kommunikation konnte erfahren werden.

---

[205] Vgl. Winkler 2001, S. 21.

Der vierte und letzte Seminartag, der mit zwölf Wochen Abstand dem dritten folgte, stand unter dem Motto 'Kollektive Sichtweisen'. Nach einer eingehenden Wiederholung und Vertiefung des bereits vorhandenen Wissens wurde dieses von dem personalen Bezug losgelöst auf kollektive Ebenen übertragen. Abteilungen, Berufe und Branchen konnten dem Wesen einzelner Charaktermuster zugeordnet werden. Daraus abgeleitet wurden spezifische Ausprägungen und Gesetzmäßigkeiten des eigenen beruflichen Umfeldes klarer und die eigene Rolle darin.

3.1.2 COACHINGPHASE

Jeder der Probanden wählte sich drei Beziehungen aus, auf die er mit aktiver Unterstützung der Leitung das Wissen während der Umsetzungsphase anwendete. Am dritten Seminartag wurden für den Zeitraum von zwölf Wochen bis zum vierten Seminartag für alle jeweils vier Coachingtermine von je eineinhalb bis zwei Stunden festgelegt. Hierbei konnte eine zeitlich gleichmäßige Verteilung über den genanten Zeitraum in allen Fällen erreicht werden. Die sieben Probanden wurden in ihren jeweils persönlichen und beruflichen Entwicklungen von der Leiterin in Einzelgesprächen beraten und je drei Beziehungen näher beleuchtet, also insgesamt einundzwanzig. Darunter waren vier private gewählt, die im Rahmen dieser Arbeit nicht näher beleuchtet werden. Die Ergebnisse des Coachingprozesses für die verbleibenden siebzehn beruflichen Beziehungen werden im nachfolgenden Kapitel operationalisiert dargestellt.

In den Umsetzungsphasen wurde von der Prämisse ausgegangen, dass alle Probanden das vermittelte Wissen anwenden und sich nicht wider besseres Wissen entgegen ihrer eigenen Interessen verhalten.[206] Die vorgegebenen Bedingungen waren, dass es ausreichend berufliche Sozialkontakte im Untersuchungszeitraum zum Anwenden von professioneller Menschenkenntnis gibt und die Beziehungspartner von dem Experiment nichts wissen, um dem Gütekriterium der Objektivität Rechnung zu tragen. Bezüglich letzterer Bedingung gab es eine Ausnahme, auf die im Rahmen der Forschungsergebnisse näher eingegangen wird.

---

[206] Entsprechend der Rationalitätshypothese.

3.1.3 SELBSTEINSCHÄTZUNGSFRAGEBOGEN

Von den bekannten Methoden zur Datengewinnung im Bereich der empirischen Sozialforschung über die Biografie, die Beobachtung durch Dritte oder über Testdaten in einem Laborexperiment wurde ein standardisierter Fragebogen zur Selbsteinschätzung gewählt.[207] Ein Argument in der Literatur gegen diese Methode ist, dass Menschen nicht nur bewusst lügen, sondern oft auch aus unbewussten Gründen zu einer verzerrten Darstellung neigen. Andererseits erfährt man dann am meisten über eine Person, wenn man sie selbst befragt.[208] Diese Methode eignet sich für den vorliegenden Untersuchungsgegenstand nicht zuletzt auch deshalb, weil dadurch punktuell zu drei verschiedenen Terminen die subjektiven Erfahrungen über Punktbewertungen in vergleichbare Zahlenwerte abgebildet und miteinander verglichen werden können.

Der Fragebogen besteht aus insgesamt fünf DinA4-Blättern. Auf dem Deckblatt stehen die persönlichen Daten sowie eine Selbstanalyse bezüglich der vorhandenen Stärken, Schwächen und Potenziale und den aktuellen persönlichen Eigenschaften, die gerade bewusst entwickelt werden. Basierend auf den Forschungsergebnissen des Enneagram Insitute World Headquarters[209] von den Autoren Riso und Hudson wurden in einem Bewertungsdiagramm den einzelnen Entwicklungsstufen der jeweiligen Charaktermuster Bewertungspunkte zugeteilt, um damit Persönlichkeitsentwicklung im Zeitverlauf operationalisiert veranschaulichen zu können.

Das zweite Blatt ist der persönlichen Integrität am Arbeitsplatz gewidmet. Es ist aufgeteilt in die beiden Großbereiche Zufriedenheit und Arbeitsergebnis. Mit Zufriedenheit ist die subjektiv positive oder negative Befindlichkeit als Folgezustand realisierter bzw. nicht realisierter Bedürfnisbefriedigung am Arbeitsplatz gemeint. Um dieses eher diffuse Gefühl näher spezifizieren zu können, wurde es im Fragebogen in

---

[207] Vgl. Pervin 2000, S. 47.
[208] Vgl. ebenda, S. 50 f.
[209] Vgl. Riso Hudson 2000, S. 152 f, S. 179 f, S. 206 f, S. 236 f, S. 262 f, S. 287 f, S. 313 f, S. 336 f, S. 361 f; vgl. www.enneagraminstitute.com.

Anlehnung an Schanz[210] in die Determinanten der Bedürfnis-, Motiv- und Beziehungsstrukturen gegliedert, im Fragebogen mit Arbeit, Motivation und Beziehungen bezeichnet. Der zweite Bereich Arbeitsergebnis meint das Ergebnis leistungsbezogenen Verhaltens innerhalb einer Wirtschaftsorganisation[211]. Es teilt sich auf in die Bereiche der Arbeitssituation, gemeint ist hier das arbeitsorganisatorische und ergonomische Umfeld, das den Arbeitsfluss beeinflusst. Zum zweiten ist die Leistungsbereitschaft gefragt und schließlich das Arbeitsergebnis in der Kooperation mit Kollegen insgesamt.

BLATT 1	BLATT 2	BLÄTTER 3 – 5
Potenzialanalyse	**Persönliche Integrität am Arbeitsplatz**	**Kooperation mit Person A / B / C**
1. Selbsteinschätzung	**1. Zufriedenheit**	**1. Zufriedenheit**
1.1. Entwicklungsstufen	1.1. Arbeit	1.1. Selbstakzeptanz
1.2. Stärken	1.2. Motivation	1.2. Fremdakzeptanz
1.3. Schwächen	1.3. Beziehungen	1.3. Kommunikation
1.4. Potenziale	**2. Arbeitsergebnis**	**2. Arbeitsergebnis**
1.5. Aktuelle Entwicklungen	2.1. Arbeitsfluss	2.1. Arbeitsfluss
	2.2. Arbeitsleistung	2.2. Motivation
	2.3. Kooperation	2.3. Arbeitsleistung

Tab. 5: Einteilung des Fragebogens

Beim dritten bis fünften Blatt werden drei konkrete Beziehungen, die die Probanden selbst wählten, wieder im Hinblick auf Zufriedenheit und Arbeitsergebnis beleuchtet. Zufriedenheit wird hier durch die Kategorien Selbstakzeptanz, Fremdakzeptanz und Kommunikation genauer spezifiziert. Arbeitsergebnis erscheint in den Unterrubriken Arbeitsfluss, Motivation und Arbeitsleistung.

Die Operationalisierung der in der vorangehenden Tabelle aufgelisteten Variablen erfolgt gemäß den Vereinbarungen der scientific community empirischer Sozialfor-

---

[210] Vgl. Schanz 2000, S. 154 – 182.
[211] Vgl. ebenda, S. 129.

schung nach dem Messprinzip „per fiat".[212] Dies bedeutet, dass die Skalierung der Zahlen intuitiv und ohne explizite messtheoretische Begründung gewählt wurde, allein beruhend auf Plausibilitätsaspekten. Es handelt sich dabei um subjektive personen- und objektbezogene Schätzskalen im Ratingverfahren mit insgesamt jeweils zehn Schätzpunkten. Danach ist ein Zustand entweder als schlecht zu beurteilen und bewegt sich somit im Minusbereich von ein bisschen schlecht (-1) bis unerträglich (-5) oder wird als gut (+1) bis vollkommen (+5) wahrgenommen. Der Mittelwert 0 wurde bewusst weggelassen, um die Antwort-Tendenz zur Mitte zu vermeiden, passive, diffuse Gefühle zu einer aktiven und klaren Stellungnahme zu bewegen.

- 5	- 4	- 3	- 2	- 1	+ 1	+ 2	+ 3	+ 4	+ 5

Tab. 6: Fragebogenskalierung[213]

Die Evaluationen erfolgten an drei Terminen. Zum ersten Mal am Ende des zweiten Seminartages, als die Wissensvermittlung zur Selbstanalyse abgeschlossen war. Damit waren alle befähigt zu einer Selbsteinschätzung gemäß der Ratingskala des Persönlichkeitssystems auf dem ersten Blatt und gleichzeitig war der Termin vor den Einstieg in das Thema Menschenkenntnis am dritten Seminartag gelegt. Hintergrund der Überlegung war, eine realistische Ist-Analyse der ausgewählten Beziehungen zu erhalten, bevor erweiterte Kenntnisse die Sichtweise beeinflussen. Der zweite Termin zur Evaluation fand direkt im Anschluss an die Coachingphase an einem abschließenden Seminartag, zwölf Wochen später statt. Ein Jahr nach der ersten Evaluation erfolgte die dritte und letzte im Rahmen eines weiteren Treffens mit Erfahrungsaustausch und erweiterter Wissensvermittlung.

3.1.4 WISSENSCHAFTLICHE GÜTEKRITERIEN

Quantitative Sozialforschung muss den Anforderungen Reabilität[214], Objektivität[215] und Validität[216] genügen. Um einen möglichst hohen Grad an Reabilität zu erreichen,

---

[212] Vgl. Bronner / Appel / Wiemann 1999, S. 61 f.
[213] Vgl. vorliegende Arbeit, Anhang VIII, S. 2 - 5.
[214] Verlässlichkeit bei wiederholter Messung und formale Genauigkeit.
[215] Personelle Genauigkeit und Indifferenz von Ergebnis und Beteiligten.
[216] Treffendes Messen dessen, was gemessen werden soll.

wurde der skalierte Fragebogen an drei Terminen von allen gleichzeitig im Seminar-raum ausgefüllt, ohne dass beim zweiten und dritten Termin die vorherigen Bögen vorlagen. Hiervon gab es lediglich zwei Ausnahmen am dritten Termin: zwei verhinderte Teilnehmerinnen füllten ihren Fragebogen zu Hause aus, nahezu zeitgleich.

Aus Gründen der Objektivität wurden die Teilnehmer seitens der Leitung dazu aufgefordert ein realistisches Abbild beim Ausfüllen zu erzeugen. Zudem wurde keinem Teilnehmer zu keinem Zeitpunkt Einsicht in die ausgefüllten Fragebögen der anderen gewährt, auch keinem Dritten, wie beispielsweise Vorgesetzten. Ebenso wurden keinerlei persönliche und vertrauliche Informationen aus Seminaren und Coachings an Dritte weiter gegeben. Die Leitung nahm eine neutrale, kooperationsfördernde und wertfreie Haltung gegenüber den jeweils Nichtanwesenden ein.

Das Arbeitsergebnis in administrativen und noch mehr in führenden Positionen ist objektiv anhand von quantifizierbaren Messgrößen kaum erfassbar. Was für die Produktivität am Arbeitsplatz und in der Kooperation mit Kollegen zutrifft, gilt erst recht für das Messen von persönlicher Zufriedenheit in diesen Bereichen. Es ist anzunehmen, dass niemand so treffend wie der Berufstätige selbst beurteilen kann, wie hoch das Ausmaß an erlebter Zufriedenheit und erwirkter Produktivität auf allen kurz- mittel- und langfristig sichtbaren und unsichtbaren Ebenen ist. Die Validität der Messungen basiert somit auf einer subjektiven Gegenüberstellung zwischen erwarteter und erlebter Realität. Da jeder Mensch andere Maßstäbe ansetzt, sind die skalierten Bewertungen personell nur bedingt untereinander vergleichbar. Gleichwohl sind sie in der individuellen historischen Entwicklung und im Zeitverlauf der Gruppengesamtsumme interessant, da davon auszugehen ist, dass sich das Bewertungsschema eines Menschen innerhalb eines Jahres nicht grundlegend ändert.

Gemessen an der Grundgesamtheit aller Beschäftigten ist die Zufallsstichprobe von sieben Personen sehr klein und damit nicht repräsentativ, vor allem auf der operativen Unternehmensebene, die nur durch eine Beschäftigte vertreten wird, in Abgrenzung zu den sechs Führungskräften. Trotzdem sind soziale Regelmäßigkeiten erkennbar, wie das nachfolgende Kapitel veranschaulichen wird. Eine aussagekräftigere experimentelle Feldforschung könnte Untersuchungsgegenstand einer weiterführenden Arbeit in diesem Bereich sein.

State of the art: Zum gegenwärtigen Zeitpunkt ist der Autorin keine namhafte Untersuchung im deutschsprachigen Raum bekannt, die sich mit dem Einfluss professionell geschulter Menschenkenntnis auf den Unternehmenserfolg beschäftigt.

3.2 FORSCHUNGSERGEBNISSE

Theoretisch orientierte Psychologen und Soziologen gehen davon aus, dass menschliche Psyche und Sozialverhalten nicht quantifizierbar sind, da es sich um qualitative Phänomene handelt. Sie bevorzugen qualitative Methoden, wie die Wesenserfassung oder einfühlende Personenbeschreibungen. Im Gegensatz dazu orientiert sich die empirische Psychologie und Sozialforschung an den Methoden der exakten Wissenschaften und zieht eher das Messen dem Beschreiben vor. Dem liegt die Auffassung zugrunde, dass sich allen Phänomenen und Ereignissen bestimmte Zahlen zuordnen lassen und sie damit messbar werden.[217] Dieser Weg der Operationalisierung qualitativer Größen wird in der vorliegenden Untersuchung beschritten. Die Forschungsergebnisse lassen sich in die drei bereits genannten Bereiche Seminartage, Coachingphase und Evaluation unterteilen, wobei letzterer als messbares Ergebnis den größten Raum in der nachfolgenden Analyse einnimmt.

Die vorbereiteten Seminarinhalte wurden komplett innerhalb des relativ knapp bemessenen Zeitrahmens vermittelt und von den Teilnehmern angenommen, verstanden, mit eigenen Beispielen bereichert und teilweise ergänzt. Kontroverse Diskussionen über das Zeitfenster hinaus, vor allem in den Bereichen Stimmigkeit, Relevanz und Nachprüfbarkeit der Erkenntnisse, mündeten letztendlich in Zustimmung im Verlauf der persönlich praktischen Anwendung. Einige Teilnehmer hätten gerne zusätzlich einen Tag Kommunikationstraining gehabt.

---

[217] Simon 2006, S. 31.

Die sich anschließende Coachingphase war ursprünglich vor allem dazu gedacht gewesen, den Kontakt während der Zeit zu halten und alle individuell zu motivieren, das Wissen bewusst anzuwenden. Tatsächlich entpuppte sie sich als wesentlicher Baustein, die Erkenntnisse unter Anleitung gezielt auf die jeweils individuellen Verhältnisse übertragen zu können. Allerdings wären drei Termine in fast allen Fällen ausreichend gewesen

Nachfolgend werden die Ergebnisse der Evaluation über den Fragebogen detailliert in Form von Tabellen und Diagrammen veranschaulicht. Entsprechend der Ausgangshypothese ist die Darstellung in die Bereiche Zufriedenheit und Arbeitsergebnis aufgeteilt. Augrund der relativ geringen Datenmenge und weil es keinen weiteren Erkenntniszugewinn brachte, wurde auf weitere statistische Berechnungen, wie Häufigkeitsverteilungen, Mittelwerte und Streuungsmaße verzichtet. Im Anhang finden sich noch ein paar Besonderheiten, die durch die Auswertung zutage getreten sind und die Probanden selbst kommen zu Wort.

3.2.1 ZUFRIEDENHEIT

Befragt wurde zunächst die persönliche Integrität am Arbeitsplatz in Bezug auf die Zufriedenheit, unterteilt in folgende Unterpunkte:

1. Arbeit: Wie gut geht es mir mit meiner Arbeit an meinem Arbeitsplatz?

2. Motivation: Wie motiviert bin ich bei meinem Tun oder demotiviert durch verschiedene innere/äußere Einflüsse?

3. Beziehungen: Wie integriert, akzeptiert und sicher fühle ich mich in der Zusammenarbeit mit Kollegen/Vorgesetzten?

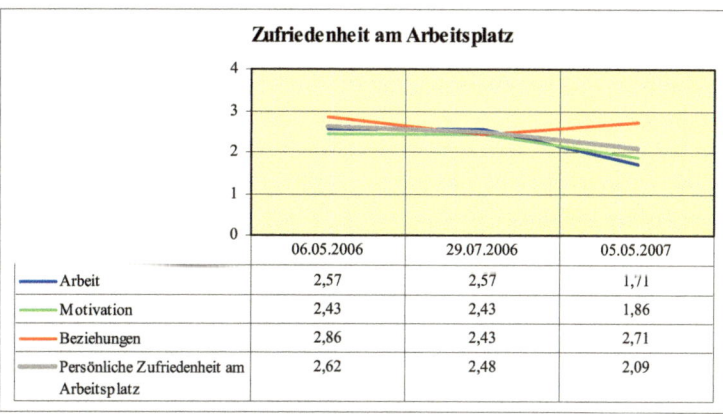

Zufriedenheit am Arbeitsplatz			
	06.05.2006	29.07.2006	05.05.2007
Arbeit	2,57	2,57	1,71
Motivation	2,43	2,43	1,86
Beziehungen	2,86	2,43	2,71
Persönliche Zufriedenheit am Arbeitsplatz	2,62	2,48	2,09

Abb. 19: Zufriedenheit am Arbeitsplatz (eigene Darstellung)

Obige Tabelle zeigt die arithmetischen Mittelwerte aller Probanden in den genannten drei Unterpunkten an den drei verschiedenen Stichtagen der Befragung. Die letzte Kategorie ‚Persönliche Zufriedenheit am Arbeitsplatz' ist der Mittelwert aus der Summe der drei Unterpunkte. Die jeweiligen Zahlenwerte sind in dem darüber lie- genden farbigen Liniendiagramm grafisch aufbereitet. Bedeutende äußere Einfluss- faktoren waren eine angespannte Situation bei Mitarbeitern der Firma PI aufgrund einer gerade laufenden ERP-Einführung zum zweiten Stichtag der Untersuchung und eine sehr angespannte Geschäftslage der Firma GRAD° am dritten Erhebungstag. Zwischen den beiden Messwerten Arbeit und Motivation ist ein starker, positiver, stochastischer Zusammenhang zu vermuten, dessen genaue Berechnung beim Vor- liegen einer größeren Datenmenge angeraten wäre. Dieser Umstand deutet darauf hin, dass die beiden Variablen dem gleichen Trend folgen: je unwohler sich ein Mit- arbeiter bei seiner Arbeit an seinem Arbeitsplatz fühlt, desto demotivierter ist er, oder umgekehrt. Welches die abhängige und welches die unabhängige Variable ist oder ob beide von einer dritten Größe abhängen, lässt sich im Rahmen dieser Arbeit nicht klären. Der Messwert Beziehungen lässt keinen eindeutigen Trend erkennen. Ein Einfluss der Schulung in Menschenkenntnis auf die Zufriedenheit am Arbeits- platz insgesamt sowie in den genannten Teilaspekten ist nicht ablesbar.

Der zweite Zufriedenheitsbereich der Befragung bezog sich auf spezielle Kooperationspartner am Arbeitsplatz. Jeder Proband hatte sich zwei bis drei berufliche Beziehungen gewählt, die er mit dem Wissen aus den Seminaren und unter spezieller Anleitung im Coaching gezielt zu verbessern suchte. Die Unterrubriken sind:

1. Selbstakzeptanz: Wie selbstsicher fühle ich mich in der Kommunikation und Kooperation mit diesem Menschen?
2. Fremdakzeptanz: Wie sehr schätze ich diesen Menschen und sein Verhalten mir gegenüber?
3. Kommunikation: Wie reibungslos funktioniert die Kommunikation unter uns?

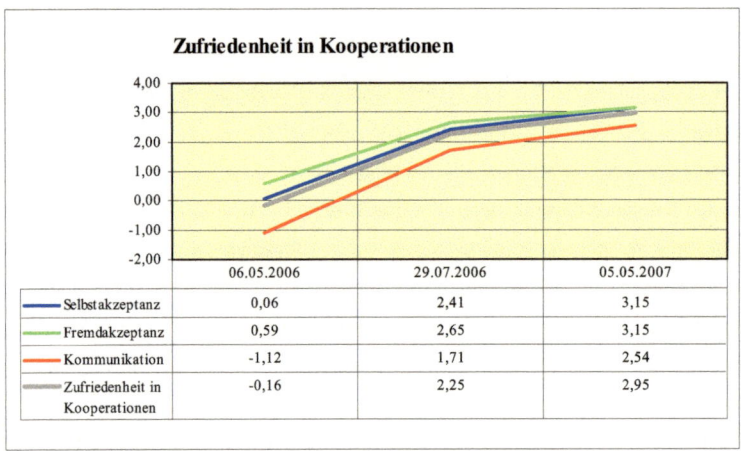

	06.05.2006	29.07.2006	05.05.2007
Selbstakzeptanz	0,06	2,41	3,15
Fremdakzeptanz	0,59	2,65	3,15
Kommunikation	-1,12	1,71	2,54
Zufriedenheit in Kooperationen	-0,16	2,25	2,95

Abb. 20: Zufriedenheit in Kooperationen (eigene Darstellung)

Die arithmetischen Mittelwerte der siebzehn beruflichen Beziehungen aller Probanden zeigen einen signifikanten Anstieg in der Zufriedenheit. Ausgangswert ist der Minuswert von - 0,16, der um 2,41 Punkte auf + 2,25 innerhalb des Coachingprozesses von zweieinhalb Monaten gestiegen ist, also um 24,1 % relativ zur Gesamtskalierung von insgesamt 10 Punkten. Alle drei Unterbereiche entwickelten sich untereinander fast gleichmäßig, so dass hier von einem starken, positiven, stochastischen

Zusammenhang zwischen Selbstakzeptanz, Fremdakzeptanz und Kommunikation gesprochen werden kann. Das Zufriedenheitsniveau der Beziehungen stieg im weiteren Verlauf des Untersuchungszeitraums ohne Coaching, noch mal um 0,7 auf 2,95 Punkte, was einem weiteren Anstieg von 9 % in Relation zur Gesamtskalierung entspricht. Im gesamten Untersuchungszeitraum von einem Jahr konnte somit die Zufriedenheit der spezifischen Arbeitsbeziehungen im Mittel um 3,11 Punkte, also 31,1 % relativ zur Gesamtskalierung gesteigert werden.[218] Dies ist jetzt nicht so zu verstehen, dass die Probanden im Schnitt um 31,1 % zufriedener in den evaluierten Kooperationen sind als vorher, da ein Repräsentationsverhältnis zwischen empirischem und numerischem Relativ nicht existiert. Die intervall-skalierte Berechnung der prozentualen Veränderung ist nur eine rechnerische Größe, die aus praktischen Erwägungen gerechtfertigt ist, um die Daten analysieren zu können.[219]

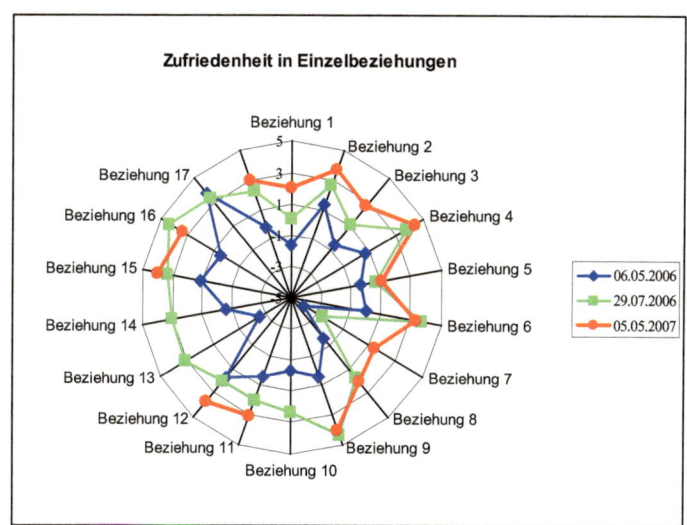

Abb. 21: Zufriedenheit in Einzelbeziehungen (eigene Darstellung)

Ein Blick auf die Entwicklungen der Einzelbeziehungen im Sternendiagramm zeigt, dass in allen Fällen eine Steigerung von der ersten Evaluation, dargestellt durch die

---

[218]   Anmerkung: Aufgrund beruflicher Veränderungen konnten am dritten Stichtag nur noch dreizehn Beziehungen evaluiert werden.
[219]   Bronner / Appel / Wiemann 1999, S. 84.

blauen Punkte, zum zweiten Termin nach der Coachingphase, dargestellt durch die grünen Punkte, erreicht werden konnte. Nur bei Beziehung siebzehn blieb die Entwicklung stehen, die lediglich im Arbeitsergebnis eine positive Veränderung erfuhr, wie im nächsten Kapitel zu sehen sein wird. Die rote Linie veranschaulicht die Evaluation zum dritten Termin, zu dem zwei Mitarbeiter der Firma GRAD GmbH ausgeschieden waren, was sich in der Verminderung um vier Beziehungspartner ausdrückt, weil die Personen von mehreren Probanden gewählt worden waren. Die Beziehungen neun und sechzehn sind ein Sonderfall, da beide Beziehungspartner auch gleichzeitig Probanden waren und beide aktiv und offen im gegenseitigen Einverständnis ihre Beziehung von beiden Seiten zu verbessern suchten. Beide Partner bewerteten unabhängig voneinander die Zufriedenheit in der Beziehung zum ersten Termin mit 0,33 Punkten und zum zweiten Termin beide unabgesprochen bei einer Steigerung von 4 Punkten mit 4,33. Beim dritten Termin ist anhand der roten Punkte ein leichter Rückgang zu verzeichnen, was insbesondere auch auf die akut schwierige Geschäftslage zurück zu führen ist, die die beiden Geschäftsführer miteinander zu bewältigen haben. In den verbleibenden elf Beziehungen ist bis auf Beziehung sechs, die sich knapp stabilisierte, auch zum dritten Termin durchgängig noch einmal eine positive Veränderung zu verzeichnen. Die Punkte auf dem Strahl zwischen den Beziehungen siebzehn und eins zeigen die Mittelwerte aller Beziehungen an.

3.2.2 ARBEITSERGEBNIS

Auch hier wurde zunächst die persönliche Integrität am Arbeitsplatz gemessen, dieses Mal in Bezug auf das Arbeitsergebnis, unterteilt in folgende Unterpunkte:

1. Arbeitsfluss: Wie gut geht mir die Arbeit von der Hand (wie störend wirken sich innere / äußere Widerstände aus)?

2. Arbeitsleistung: Leiste ich so viel, wie ich könnte oder bringe ich meine Kraft/mein Potenzial gebremst ein?

3. Kooperation: Wie erfolgreich verläuft die Zusammenarbeit mit Kollegen?

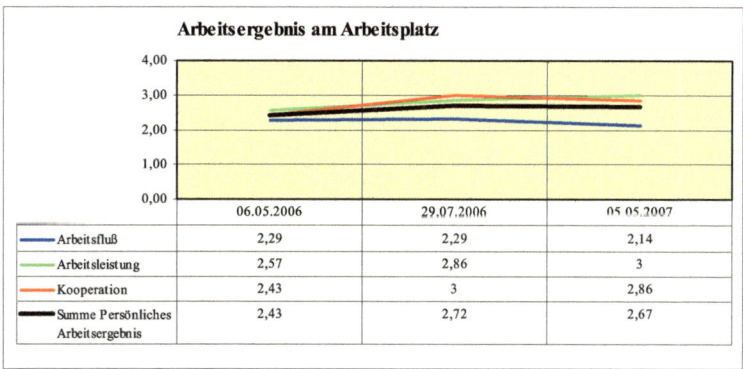

Arbeitsergebnis am Arbeitsplatz			
	06.05.2006	29.07.2006	05.05.2007
Arbeitsfluß	2,29	2,29	2,14
Arbeitsleistung	2,57	2,86	3
Kooperation	2,43	3	2,86
Summe Persönliches Arbeitsergebnis	2,43	2,72	2,67

Abb. 22: Arbeitsergebnis am Arbeitsplatz (eigene Darstellung)

Obige Tabelle zeigt die arithmetischen Mittelwerte aller Probanden in den genannten drei Unterpunkten an den drei verschiedenen Stichtagen der Befragung. Die letzte Kategorie ‚Persönliches Arbeitsergebnis am Arbeitsplatz' ist der Mittelwert aus der Summe der drei Unterpunkte. Die jeweiligen Zahlenwerte sind in dem darüber liegenden farbigen Liniendiagramm grafisch aufbereitet. Die Linien aller drei Teilbereiche verlaufen fast waagrecht, ein eindeutiger Trend ist auch in der schwarzen Mittelwertlinie nicht erkennbar. Somit ist ein Einfluss der Schulung Menschenkenntnis auf das Arbeitsergebnis insgesamt am Arbeitsplatz mit diesem Verfahren nicht messbar.

Der zweite Bereich Arbeitsergebnis bezog sich auf die Zusammenarbeit mit den ausgewählten Kooperationspartnern. Die Unterrubriken sind:

1. Arbeitsfluss: Wie reibungslos funktioniert die Zusammenarbeit mit diesem Menschen in Relation zum Zeitaufwand?

2. Motivation: Wie motiviert (anpackend) gehen wir in der Kooperation miteinander um?

3. Arbeitsleistung: Wie erfolgreich ist die Zusammenarbeit mit diesem Menschen bezüglich des Arbeitsergebnisses?

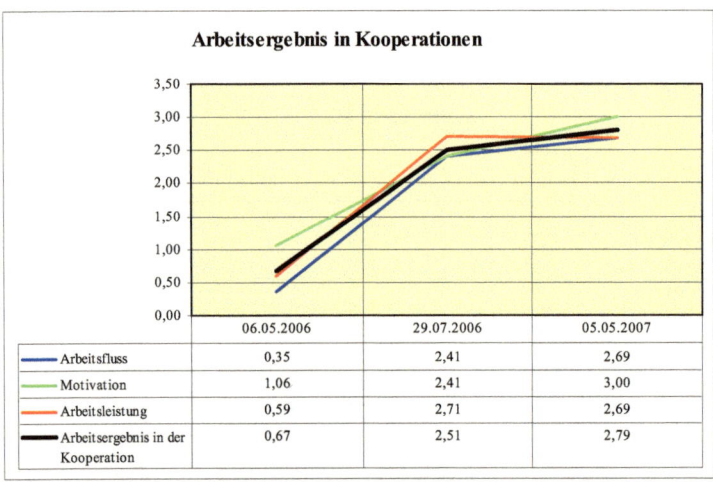

Abb. 23: Arbeitsergebnis in Kooperationen (eigene Darstellung)

Die arithmetischen Mittelwerte der siebzehn beruflichen Beziehungen aller Probanden zeigen einen ähnlich signifikanten Anstieg im Arbeitsergebnis wie in der Zufriedenheit.[220] Ausgangswert sind 0,67 Punkte, die um 1,84 Punkte auf + 2,51 innerhalb
des Coachingprozesses von zweieinhalb Monaten gestiegen sind, also um 18,4 %
relativ zur Gesamtskalierung. Alle drei Unterbereiche entwickelten sich untereinander fast gleichmäßig, so dass auch hier von einem starken, positiven, stochastischen
Zusammenhang zwischen Arbeitsfluss, Motivation und Arbeitsleistung gesprochen
werden kann. Die Arbeitsleistung in den spezifischen Beziehungen insgesamt stieg
im weiteren Verlauf des Untersuchungszeitraums ohne Coaching, noch mal um 0,28
auf 2,79 Punkte, was einem weiteren Anstieg von 2,8 % in Relation zur Gesamtskalierung entspricht. Im gesamten Untersuchungszeitraum von einem Jahr konnte somit
das Arbeitsergebnis der ausgewählten Kooperationen im Mittel um 2,12 Punkte, also
21,2 % in Relation zur Gesamtskalierung gesteigert werden.[221] Relativ zum Ausgangswert von 0,67 Punkten beträgt die Steigerung rein rechnerisch 416,42 %.

---

[220] Vgl. vorliegende Arbeit, Kapitel 3.2.1.
[221] Anmerkung: Aufgrund beruflicher Veränderungen konnten am dritten Stichtag nur noch dreizehn
       Beziehungen evaluiert werden.

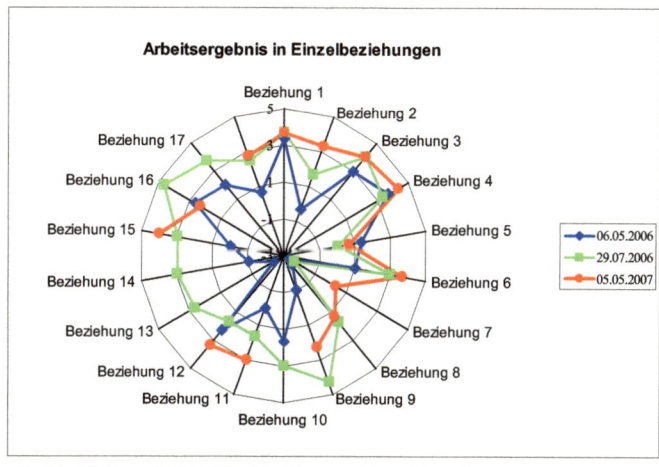

Abb. 24: Arbeitsergebnis in Einzelbeziehungen (eigene Darstellung)

Ein Blick auf die Entwicklungen der Arbeitsergebnisse in den Einzelbeziehungen im Sternendiagramm zeigt, dass in vierzehn Fällen signifikante Steigerungen erreicht werden konnten, von der ersten Evaluation (blaue Punkte) zum zweiten Termin nach der Coachingphase (grüne Punkte). Die rote Linie veranschaulicht wieder die Evaluation zum dritten Termin in der bekannt reduzierten Form auf dreizehn Beziehungen. Bei den Kooperationen vier und zwölf trat aufgrund komplizierter Beziehungsstrukturen die Verbesserung zeitverzögert erst zum dritten Termin ein. Bei Beziehung fünf ging das Arbeitsergebnis durch klarere Frontenbildung um 0,66 Punkte zurück. Bei Beziehung acht fiel nach einem Anstieg von 3,97 Punkten der Endwert um 0,33 wieder ab, was gemäß Nachfrage keine eigentliche Verschlechterung der Beziehung bedeutet, sondern auf eine unwesentliche Tagesschwankung zurück zu führen ist. Die Beziehungen neun und sechzehn ließen zum Schluss im Arbeitsergebnis ebenfalls wieder etwas nach, was auf die bereits bekannte Situation der angespannten Geschäftslage zum dritten Termin zurück zu führen ist. Beide Partner bewerteten unabhängig voneinander das Arbeitsergebnis in der Beziehung nach einem Zwischenhoch zum zweiten Termin zwischen vier und fünf, abschließend zum dritten Termin mit 2,33 Punkten. Die Punkte auf dem Strahl zwischen den Beziehungen siebzehn und eins zeigen wieder die Mittelwerte aller Beziehungen an.

3.2.3 GESAMTERGEBNIS

Die Zusammenfassung der Ergebnisse aus den Bereichen Zufriedenheit und Arbeitsergebnis am Arbeitsplatz bringt keinen Erkenntniszugewinn, da, wie bereits erwähnt,
bei der vorliegenden Untersuchung kein messbarer Einfluss der Schulung ablesbar
ist.[222] Die Summation der beiden Bereiche im Hinblick auf den Gesamterfolg in den
ausgewählten siebzehn Kooperationen hingegen ergibt einen Gesamtüberblick, was
durch erweiterte Menschenkenntnis im Zeitverlauf bewegt werden konnte. Im nachfolgenden Balkendiagramm sind alle Beziehungen nebeneinander gesetzt. Die letzte
Spalte zeigt den Durchschnitt aller an.

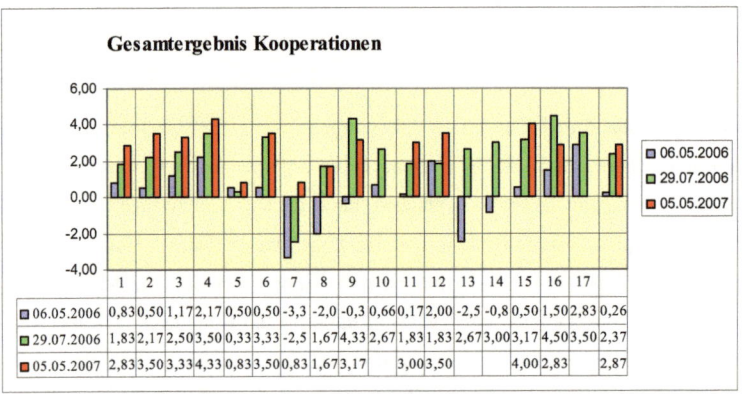

Abb. 25: Gesamtergebnis in Kooperationen (eigene Darstellung)

Der von den Probanden zu den jeweiligen Stichtagen bewertete Gesamterfolg der
einzelnen Kooperationen ist farbig in blau, grün und rot veranschaulicht. Ausnahmslos alle Kooperationen verbesserten sich in Relation der ersten zur jeweils letzten
Messung und ebenso ausnahmslos alle gelangten in den positiven Bereich. Die
Spannweite der positiven Veränderungen reicht von 0,33 (Beziehung fünf) bis 5,17
Punkte (Beziehung dreizehn). Hierbei ist zu bemerken, dass diejenigen fünf Beziehungen, die sich zu Beginn der Evaluation im Minusbereich befanden, die ersten fünf

---

[222] Vgl. vorliegende Arbeit, Kapitel 3.2.1 und 3.2.2.

Plätze in der Rangfolge der positiven Veränderungen belegen. Die durchschnittliche Veränderung aller Beziehungen vom jeweils ersten Messwert zum jeweils letzten liegt bei 2,64 Punkten, was relativ zur Gesamtskala eine prozentuale Steigerung von 26,4 % bedeutet. Der durchschnittliche Ausgangswert aller Messwerte in der Summation von Zufriedenheit und Arbeitsergebnis liegt bei 0,26 Punkten. Der durchschnittliche Endwert aller Beziehungen berechnet sich auf 2,89 Punkte.[223] Die Steigerung der Kooperationserfolge aller evaluierten Arbeitsbeziehungen beträgt somit 2,64 Punkte[224]. In Relation zur Gesamtskala von 10 Punkten entspricht dies einer Verbesserung von 26,4 %. Relativ zum Ausgangswert von 0,26 Punkten ergibt sich eine rein rechnerische Steigerung von 1015,38 %.

Nachfolgendes Punktdiagramm veranschaulicht das Gesamtergebnis aus Zufriedenheit und Arbeitsergebnis der siebzehn Kooperationen in den Veränderungen zu den jeweiligen Evaluationsterminen. Die eingezeichnete Trendgerade weist einen signifikanten Anstieg nach oben auf und lässt damit eine weitere Verbesserung in der Zukunft vermuten.

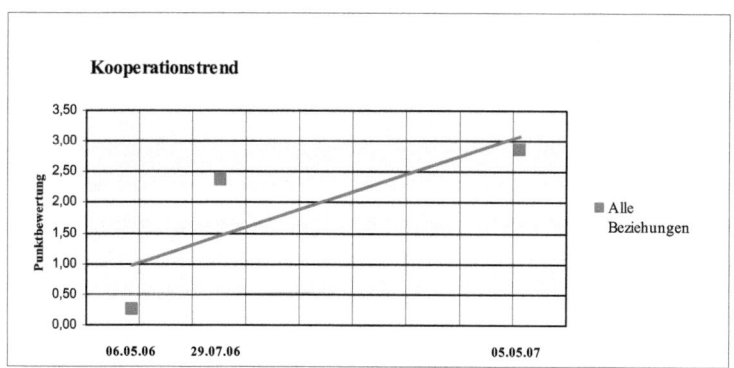

Abb. 26: Kooperationstrend (eigene Darstellung)

---

223 Bei den bekannten vier Beziehungen entspricht der Endwert dem zweiten Messtermin.
224 Exakte Rechnungen mit allen Stellen hinter den jeweiligen Kommata ergeben einen Mehrwert von 0,01 Punkten.

Auf andere Weise veranschaulicht das nachfolgende Kreisdiagramm die Dimensionen der Kooperationserfolge in Relation zueinander an den drei Stichtagen. Nach einem Jahr praktizierter Menschenkenntnis am Arbeitsplatz (rotes Segment) verlaufen gemäß den vorliegenden Zahlen die evaluierten Kooperationen im Ergebnis etwa 10mal produktiver und harmonischer als vor der Schulung (blaues Segment).

Gesamterfolg Kooperationen

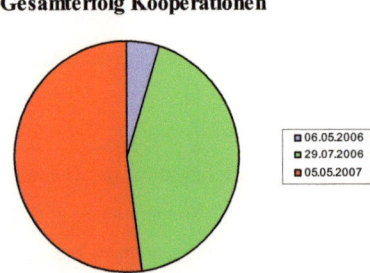

Abb. 27: Gesamterfolg der Kooperationen

In der Auswertung der Messdaten ergaben sich noch ein paar interessante Vergleiche. Beispielsweise veränderte sich gemäß der ersten Seite des Fragebogens im Forschungszeitraum auch die Persönlichkeitsentwicklung der Probanden, nämlich halb soviel wie die Verbesserung der Kooperationen. Im Vergleich der Hierarchien konnten die gleichrangigen Arbeitsbeziehungen das größte Verbesserungspotenzial im Vergleich zu den Unterstellten und Vorgesetzten aufweisen. Die evaluierten privaten Beziehungen verbesserten sich im gleichen Maß wie die beruflichen und die weiblichen Probanden konnten im Vergleich zu den männlichen ihre Kooperationen überdurchschnittlich verbessern.[225]

Die Probanden empfinden gemäß einer schriftlichen Befragung das Wissen als wichtige und täglich bewusster werdende Orientierungshilfe im Umgang mit Kollegen, bei Personalentscheidungen, in der Prozessdefinition und dem Strukturaufbau.[226]

---

[225] Eine ausführlichere Darstellung befindet sich im Anhang IV der vorliegenden Arbeit.
[226] Eine Zusammenstellung von Zitaten befindet sich im Anhang V der vorliegenden Arbeit.

3.3   ZUSAMMENFASSUNG UND INTERPRETATION

Die integrierten Persönlichkeitsmodelle Struktogramm, Enneagramm, vier Grundstrebungen und Differentielle Kommunikationspsychologie konnten in der Kombination miteinander als gut verständlich, stimmig und praxisnah von den Teilnehmern
angenommen und umgesetzt werden. Speziell die synthetische und integrierende
Struktur des Enneagramms hat in Verbindung mit den anderen betriebspsychologi-
schen Instrumenten eine stark fokussierende Wirkung gezeigt. Der Blick für den ei-
gentlichen Mittelpunkt eines Menschen wurde dadurch geschult, die daraus resultierenden Denk- und Handlungsmuster schneller erkannt. Alle Modelle zusammen mo-
tivierten dazu, die eigenen Stärken und positiven Entfaltungsmöglichkeiten sowie die
von Mitarbeitern, Kollegen und Vorgesetzten präziser zu erfassen und die Kooperationen entsprechend gewinnbringender zu gestalten. Voraussetzungen dafür waren
eine innere Bereitschaft zur vertieften Selbstwahrnehmung und Weiterentwicklung
der eigenen Persönlichkeit sowie der Wille zur Verbesserung der jeweiligen Beziehungen, was durch Coaching gestützt wurde. Wie viel Einfluss allein schon die Fo-
kussierung auf die Verbesserung einer Kooperation über einen festgelegten Zeitraum
ausübt, lässt sich schwer ermessen. Tatsache ist jedoch, dass die Probanden Beziehungen gewählt hatten, die schon seit längerer Zeit unproduktiv gewesen waren und
kein anderer Lösungsansatz zuvor Besserung bewirkt hatte.

In den siebzehn evaluierten Arbeitsbeziehungen der sieben Probanden ist innerhalb
des Untersuchungszeitraumes von einem Jahr im Bereich Zufriedenheit mit den Unterpunkten Selbstakzeptanz, Fremdakzeptanz und Kommunikation ein um 31,1%
höherer Wert zu verzeichnen, relativ zur Gesamtskalierung von 10 Bewertungspunk-
ten (- 5 bis + 5).[227] In der Kategorie Arbeitsergebnis, mit den Unterrubriken Arbeitsfluss, Arbeitsleistung und Kooperation liegt der zuletzt gemessene Wert um 21,2%
über dem ersten.[228] In beiden Bereichen ist der größte Schub während der dreimona-
tigen Coachingphase zu verzeichnen (80 % der Gesamtveränderung) und im neun-
monatigem Selbstlauf ein weiterer positiver Nachhall (20 %). Die siebzehn beruflichen Kooperationen verlaufen jetzt gemäß Einschätzung der Probanden nach ver-

---

[227]   Vgl. vorliegende Arbeit, Kapitel 3.2.1.
[228]   Vgl. vorliegende Arbeit, Kapitel 3.2.2.

antwortungsbewusst eingesetzter Menschenkenntnisschulung, begleitendem Coaching und selbstständiger Umsetzung im Durchschnitt zehnmal erfolgreicher als zuvor. Weitere Verbesserungen als Langzeiteffekt sind aufgrund der positiven Trendgerade zu erwarten.[229]

Eine der Grenzen des Modells liegt in dem freien Willen des Menschen begründet. Niemand kann zu seinem Glück gezwungen werden und nicht jede Kooperation ließ sich in gleichem Ausmaß verbessern. Es bedarf immer beider Parteien, dass Kooperation gelingt und nur einer Partei, um sie zum Scheitern zu bringen. Ausmaß und Zeitfaktor eines Veränderungsprozesses lassen sich im Einzelfall nicht im Voraus bestimmen, gelungene Kooperationen nicht erzwingen. Jeder kann sich nur selbst verändern und damit positive Impulse in seine Umgebung senden, was in den meisten Fällen zu produktiveren und harmonischeren Beziehungen führt, aber nicht immer.

Weiterhin offen ist auch die Frage nach den abhängigen und nicht abhängigen Variablen: ob beispielsweise das Arbeitsergebnis steigt, weil die Zufriedenheit durch erhöhte Selbstakzeptanz und Fremdakzeptanz zunimmt oder umgekehrt; ob die Fremdakzeptanz einhergehend mit der Steigerung der Selbstakzeptanz zunimmt oder umgekehrt. Zu vermuten ist, dass alles miteinander zusammen hängt und sich gegenseitig bedingt, aber auch, dass eine stimmige Beziehungsebene Voraussetzung für die erfolgreiche Lösung von Sachaufgaben ist. Interessant wäre in dem Zusammenhang auch eine nachträglich ergänzende Einschätzung der Beziehungspartner, die von dem Experiment nichts wussten, eine Ergänzung um ein Fremdbild, was den Rahmen der vorliegenden Arbeit übersteigt. Auch objektive Langzeitdaten bezüglich messbaren Arbeitsergebnissen, Fluktuationen und Fehlzeiten wären ein interessantes Untersuchungsfeld. Im Bereich der Skalierung von Arbeitsergebnissen in Kooperationen von -5 bis +5 könnte über eine Veränderung in den rein positiven Bereich nachgedacht werden, also von 0 bis 10, da nur selten eine Beziehung wirklich kontraproduktiv ist, sondern eher einfach nur weniger Ergebnis bringt als möglich wäre.

---

[229] Vgl. vorliegende Arbeit, Kapitel 3.2.3.

Den signifikanten Verbesserungen in den Einzelbeziehungen stehen indifferente Ergebnisse in den Bereichen der persönlichen Integrität am Arbeitsplatz gegenüber. Zu viele andere Faktoren spielten hier mit rein, beispielsweise die große organisatorische Umstellung auf das ERP-System mit dem einhergehenden Stress durch Termindruck und Veränderung der gewohnten Abläufe beim Evaluationstermin am 29. Juli 2006. Beim Termin 5. Mai 2007 beeinflusste vor allem die angespannte wirtschaftliche Lage, mit ausgelöst durch das plötzliche Ausscheiden des Vertriebsleiters, die Einschätzung. Neben den strukturellen und wirtschaftlichen gibt es noch zahlreiche andere Faktoren, die Einfluss nehmen können auf die persönliche Integrität am Arbeitsplatz, wie beispielsweise gesundheitliche Schwankungen, personelle Veränderungen im Arbeitsumfeld oder auch in privaten Beziehungen, individueller oder institutioneller Konkurrenzdruck von außen, sowie technische Innovationen in den Kommunikationsmedien oder der Produktherstellung, die Veränderungen im Arbeitsablauf bedingen. Die vorliegende Untersuchung zeigte keine messbaren Auswirkungen erweiterter Menschenkenntnis auf die allgemeine persönliche Integrität am Arbeitsplatz, ausgedrückt in ‚Arbeitsergebnis' (+ 2,4 %) und ‚Persönlicher Zufriedenheit' (- 5,2%). Der spezifische Einfluss einer Schulung in erweiterter Menschenkenntnis lässt sich hier nicht herausfiltern und messbar machen.

Was bewirkt Menschenkenntnis im Unternehmen?

Professionelle Menschenkenntnis ist ressourcen- und lösungsorientiert, sie verändert das Bewusstsein und die Handlungsoptionen im Berufsalltag auf vielfache Weise. Zusammengetragen von allen an der Studie Beteiligten wurden folgende Einflüsse erkannt:

1. Die Selbstakzeptanz steigt durch die Erkenntnis, dass nicht jeder alles zu sein braucht und alles können muss. Der innere Frieden nimmt zu, Selbstsicherheit, Selbstwertbewusstsein und Selbstwertgefühl ebenso.

2. Die Persönlichkeitsentwicklung wird angeregt durch die Entdeckung schlummernder Talente und Ressourcen, was im Unternehmen gewinnbringend nutzbar gemacht werden kann: Talent Management.

3. Das Kommunikationsrepertoire verbreitert sich und kann individueller auf den jeweiligen Menschen ausgerichtet werden. Kommunikation am Arbeitsplatz wird reibungsloser, effektiver und effizienter.

4. Die Kooperation verbessert sich durch bewusste Aktivierung der eigenen Stärken und Verknüpfung mit den Stärken anderer Menschen. Zielgerichteter Einsatz menschlicher Talente und Ressourcen: Win-Win-Situation.

5. Der Respekt im Umgang mit anderen und ihren jeweils heiklen Charakterthemen nimmt zu, die Häufigkeit und Intensität von Konflikten ab. Freigewordene Kräfte können zur Erfolgssteigerung genutzt werden.

6. Die Sozialkompetenz nimmt zu durch eine verständigere und wohlwollendere Haltung in Bezug auf Wünsche, Bedürfnisse und Ziele, einen menschlicheren Umgang mit sich selbst und anderen. Vermutung: Menschen fühlen sich dadurch wohler an ihrem Arbeitsplatz, kommen lieber, bleiben länger, fehlen seltener.

7. Die Toleranz nimmt zu durch die bewusste Wahrnehmung und Wertschätzung von „typspezifischen Schlüsselfähigkeiten"[230] in anderen Menschen. Delegieren und Kooperieren werden dadurch erleichtert.

8. Andere Menschen werden in ihren zentralen Persönlichkeitsmerkmalen, Bedürfnissen und Motiven besser erkannt. Führung wird einfacher durch wirkungsvollere Ansprache zu Motivation, Delegation, Kritik und Lob.

9. Konfliktfähigkeit wird ausgebaut durch deutlichere Wahrnehmung fremder Ansichten und schärferer Unterscheidungsfähigkeit in tolerierbare Weltsichten und schädliches Verhalten. Trennungen können schneller und konsequenter vollzogen, unfruchtbare Kooperationen schneller abgebrochen oder gar nicht erst eingegangen werden. Die Verschwendung von Arbeitszeit und Arbeitskraft wird dadurch verringert.

---

[230] Tödter/Werner 2006, S. 21.

Die Zufallstichprobe von sieben Einzelfallstudien und siebzehn Arbeitsbeziehungen ist gemessen an der Grundgesamtheit aller Beschäftigten nicht repräsentativ. Der induktive Ansatz, aus den wenigen Einzelbeobachtungen auf alle berufstätigen Menschen schließen zu wollen erscheint gemäß jetzigem Forschungsstand gewagt. Gleichwohl spiegeln sich in den Ergebnissen subjektive Realitäten wider, die in sich logisch schlüssig und sozialwissenschaftlich nachvollziehbar sind. Soziale Regelmäßigkeiten lassen sich erkennen, wonach die Schulung und gezielt praktische Anwendung von Menschenkenntnis sich positiv auf die Zufriedenheit der Mitarbeiter und das Arbeitsergebnis eines wirtschaftlichen Unternehmens auswirken. Eine umfangreichere Untersuchung, die gemäß den Kriterien des Kritischen Rationalismus die vorliegende Hypothese überprüft und beobachtet, ob die Schlüsse gerechtfertigt sind, erscheint lohnenswert.

3.4 HANDLUNGSEMPFEHLUNGEN

Schulungen in persönlichkeitstypologischen Modellen unterstützten die Entwicklung von Selbst- und Menschenkenntnis. Es soll aber nicht verschwiegen werden, dass jede Typologie auch missbraucht werden kann. Zum Beispiel um sich der Verantwortung für das eigene Tun und Unterlassen zu entheben: „Ich kann nichts dafür, das ist die Schwachstelle meines Typus". Oder um andere zu bewerten: „Wenn Sie sich so verhalten, dann sind Sie also so einer." - Schublade zu. Oder um anderen zuzusetzen: „Jetzt kenne ich seine Schwachstellen und kann diese gezielt attackieren" – Strategie. Die Voraussetzung für Professionelle Menschenkenntnis ist eine besondere Ethik, die sich in folgenden Aspekten ausdrückt:

1. Persönlichkeitsprofilierung

   Die Kenntnis der eigenen Stärken, Schwächen und Potenziale ist weder dazu da, sich selbst zu verurteilen, noch um sich zu idealisieren. Sie ist Instrument nüchterner Selbstbetrachtung und dient zur Selbstbewusstseinserweiterung des eigenen Charakters und strukturierten Einordnung in ein System zwischenmenschlicher Beziehungsmuster. Das Ziel ist die Erhöhung von Selbstakzeptanz und Fremdakzeptanz.

2. Persönlichkeitsentwicklung

Jeder Mensch kann sich weiterentwickeln und damit das Denk-, Fühl- und Verhaltensrepertoire, über das er verfügt, erweitern oder in anderer Weise verändern. Die Kenntnis der eigenen Stärken ist dazu da, sie in Bescheidenheit als besondere Gabe anzuerkennen, dankbar anzunehmen, nutzbringend für sich selbst und andere anzuwenden und zu verfeinern. Die Kenntnis der eigenen Schwächen ist dazu da, diese als Übertreibungen von vorhandenen persönlichen Stärken zu erkennen und sie durch die Entwicklung des dialektischen Gegensatzes auf ein gesundes Maß zurück zu führen. Für die entdeckten Potenziale ist persönliche Verantwortung zu deren Entfaltung zu übernehmen. Die Kenntnis des eigenen Typus ist dazu da, ihn zu voller Blüte zu bringen. Und jeder kann nur an sich selbst arbeiten, nicht an anderen.

3. Menschenkenntnis allgemein

Jeder Mensch ist ein Individuum. Ein Persönlichkeitsmodell ist nur ein Modell, das niemals das gesamte Wesen einer Persönlichkeit erfassen kann. Es ist dazu da, respektvoller mit anderen umzugehen, um besser mit ihnen kooperieren oder klarer in würdevolle Distanz gehen zu können. Es stellt niemals eine abgeschlossene Personenbeurteilung dar und enthält immer die Möglichkeit des Irrtums.

4. Menschenkenntnis im Unternehmen

Es gibt keine richtigen oder falschen, keine guten oder schlechten Profile, sondern allenfalls Profile mit hoher oder geringer Passung zwischen Person und Situation, Aufgabe, Funktion und Rolle. Grundsätzlich kann fast jeder alles irgendwie - es ist nur eine Frage des Energieaufwandes und der Ergebnisqualität. Auf keinen Fall ist eine typologische Einschätzung geeignet, als alleinige Basis einer Personalentscheidung zu dienen.

Auf dieser ethischen Basis ist Menschenkenntnis als Kernkompetenz im Unternehmen anwendbar und nützlich. Neben dem Ausbau von Fachkompetenz und fachlicher Methodenkompetenz ist berufsbegleitend ein stabiler Aufbau von Sozialkompetenz mit integrierter Persönlichkeitsentwicklung sinnvoll. Dadurch kann Fachwissen wirkungsvoller kommuniziert und kooperativer genutzt werden, zur Steigerung von persönlicher Zufriedenheit und unternehmerischem Erfolg.

Gemäß den vorliegenden Ergebnissen erscheint folgendes Handlungskonzept zum stabilen Aufbau von Sozialkompetenz in einem Unternehmen empfehlenswert. Idealerweise wird es dann eingesetzt, wenn ein Unternehmen auf wirtschaftlich erfolgreichem Kurs ist und keine nennenswerten organisatorischen Änderungen bevorstehen, die außerordentlichen Energieaufwand erfordern. Es ist ein Top-Down-Ansatz, da die Vorbildfunktion von Autoritäten eine wesentliche Rolle in der Akzeptanz und Anwendung von sozialen Prinzipien spielt. Besonders hervorzuheben ist hier die Gruppe der Personalverantwortlichen und Führungskräfte, die berufsbedingt einen erhöhten Bedarf an Menschenkenntnis haben. Beide Gruppen treffen Personalauswahlentscheidungen, verteilen Aufgaben und führen Menschen aus allen Talentbereichen. Sozialkompetenz sollte jedoch nicht auf einer hierarchischen Stufe stehen bleiben, sondern möglichst bis an die Basis vordringen, damit ein Wandel in der gesamten Unternehmenskultur möglich ist. Je niedriger die Hierarchieebene im Unternehmen angesiedelt ist, desto freiwilliger sollte jedoch das Angebot sein, das eine gewisse innere Bereitschaft voraussetzt, um sich wirkungsvoll entfalten zu können.

Soll-Konzept: Nachhaltiger Aufbau von Sozialkompetenz durch Menschenkenntnis

Maßnahme 1: Basisseminar Menschenkenntnis,

bestehend aus den Modulen

➢ viertägige Seminarreihe Menschenkenntnis,

➢ ergänzt um einen Tag Kommunikationstraining.

Maßnahme 2: Coachingprozess zur Umsetzung in die Praxis,

direkt im Anschluss an die Seminarreihe

➢ ein mal pro Monat 90 Minuten im 1. Quartal,

➢ danach ein mal pro Quartal, oder auch bei akutem Bedarf.

Maßnahme 3: Aufbauseminare

zur Wiederholung und Vertiefung von Menschenkenntnis

sowie zum Erlernen weiteren Handwerkszeugs in

typspezifischer Kommunikationskompetenz und

individuellem Konfliktmanagement

➢ ein mal pro Jahr, zwei bis drei Seminartage.

Alternative 1:

Für kleinere Unternehmen und solche, bei denen es die Wirtschaftslage nicht erlaubt, Mitarbeiter für die Seminarteilnahme frei zu stellen, ist die Durchführung einmal pro Monat an einem Samstag denkbar. Die Firma kommt für die Seminarkosten auf und die Mitarbeiter stellen ihre Freizeit zur Verfügung: ein fairer Handel, der beiden Seiten nutzt und heute vielfach so praktiziert wird. Die Coachingeinheiten sollten dann entsprechend auch außerhalb der Arbeitszeit stattfinden.

Alternative 2:

Anstatt einer Inhouse-Schulung ist die Teilnahme einzelner Mitarbeiter an offenen Seminaren denkbar. Ein Vorteil dabei liegt in der Anonymität und der damit einhergehenden Bereitschaft zu mehr persönlicher Offenheit. Ein weiterer Vorteil liegt im außerbetrieblichen Erfahrungskreis, wodurch Betriebsblindheit aufgeweicht und wertvolle Impulse auf allen Ebenen ins eigene Unternehmen transportiert werden können. Nachteile begründen sich im erhöhtem Zeitaufwand durch die Anreise an einen Seminarort, im üblicherweise höheren Seminarpreis pro Teilnehmer und der sich anschließenden singularen innerbetrieblichen Erkenntnisplattform.

Alternative 3:

Für Autodidakten ist auch ein Selbststudium in Menschenkenntnis denkbar. Das Literaturverzeichnis der vorliegenden Arbeit kann dabei als Quelle genutzt werden. Vorteile hierbei sind in der autonomen Selbstbestimmung der Lerneinheiten zu sehen, dem ungefilterten Lesen von Primärquellen und dem nahezu sofortig möglichen Beginn. Nachteile liegen in dem enormen Zeitaufwand, die spezifisch passenden Erkenntnisse aus der Fülle des Wissens heraus zu filtern, im fehlenden Austausch mit anderen Wissensträgern und im Anwenden der Erkenntnisse ohne Anleitung und Erfahrungshintergrund.

Die meiste Zeit geht dadurch verloren,

dass man nicht zu Ende denkt.

[Alfred Herrhausen]

4. SCHLUSSBEMERKUNGEN UND AUSBLICK

Ein interdisziplinärer Ansatz, der sich weit über die Grenzen von Ökonomie, Perso-
nalwirtschaft und Betriebspsychologie hinauslehnt und grundlegende sozialwissenschaftliche Erkenntnisse anspricht, erfordert eine ausführliche wissenschaftstheoreti-
sche Darlegung. Die gefundenen Gedankenansätze Kommunikationsdiagramm und
Kommunikationsenneagramm sind erste Schritte auf dem Weg zu einem ganzheitlichen Integrationsmodell menschentheoretischer Sichtweisen. Eine Kompatibilitäts-
prüfung mit den aus der Lehre C. G. Jungs entstandenen Modellen und eine erweiterte Betrachtung von Fünf- und Sechs-Komponenten-Modellen wären von Interesse.

Ziel der vorliegenden Arbeit war es, die Auswirkungen einer Schulung und gezielt
praktischen Anwendung von Persönlichkeitsmodellen in wirtschaftlichen Unternehmen zu untersuchen. Gemäß den Ergebnissen der vorliegenden Studie geringer
Grundgesamtheit hatte die verantwortungsbewusst eingesetzte Anwendung von
Menschenkenntnis einen messbaren, signifikant positiven Einfluss auf die persönliche Zufriedenheit und das produktive Arbeitsergebnis in siebzehn evaluierten Kooperationen. Somit ist das angewendete System realitätstauglich und die Hypothese
des positiven Einflusses von professioneller Menschenkenntnis verifiziert. Es ist davon auszugehen, dass die reduzierten Reibungsverluste des zwischenmenschlichen
Bereiches sowie die erhöhte Dynamik und Produktivität in der Zusammenarbeit sich
mittelfristig und nachhaltig auch monetär im Unternehmensergebnis durch erhöhten
Gewinn niederschlagen. Die zur Schulung von Menschenkenntnis und damit einhergehender Erhöhung von Sozialkompetenz nötigen finanziellen, zeitlichen und emotionalen Kosten sind überschau- und eingrenzbar, der Nutzen daraus langfristig ein
Vielfaches der eingesetzten Ressourcen. Die Förderung von Menschenkenntnis als
Kernkompetenz im Human Resources Management erscheint damit sinnvoll, um-
setzbar und wirkungsvoll. Weitere umfangreichere Untersuchungen zu diesem Thema erscheinen lohnenswert. Darüber hinaus lässt der Zuwachs an Wissen sowie die

genauere und verlässlichere Umsetzung in der Praxis hoffen, dass dieser Wissenschaftszweig den Stellenwert bekommt, der ihm zusteht. Menschenkenntnis könnte für all jene Fachgebiete, in denen es um Menschen geht, z.b. in der Ökonomie, Politologie, Psychologie, Soziologie, Pädagogik, Literatur und Theater, die Funktion einer Grundlagenwissenschaft gewinnen.[231]

Und stoßen im sozio-ökonomischen Wandel die umweltbedingten Faktoren des Wirtschaftens auch immer mehr an ihre Grenzen, drückt die Masse der Konkurrenten im globalen Wettbewerb auf die Preise, wird unser eigenes Arbeitskräftepotenzial im Durchschnitt älter, so ist doch im individuellen „Erfolgsfaktor Mensch" noch unerschöpftes Potenzial vorhanden. Wird dieses Potenzial in ethischem Kontext erschlossen, lässt es sich als erfolgsrelevanter Beitrag des HRM zum Bestehen im globalen Wettbewerb gewinnbringend sowie zufriedenheitssteigernd für alle nutzen. Lebenslanges Lernen auch in den Bereichen der Sozial- und Persönlichkeitskompetenz sollte zu einer beruflich-professionellen Selbstverständlichkeit werden und damit zu einer Wertschöpfungsquelle durch Wertschätzung eigener und fremder menschlicher Ressourcen.

Menschenkenntnis als nonverbale Sprache und Verständnisplattform kann Talente identifizieren, fördern, nutzen und Verbindungen herstellen, nicht nur zwischen unterschiedlichen Menschen und andersdenkenden Abteilungen, sondern auch zwischen fremden Nationen. Menschenkenntnis als globale Sprache könnte kulturübergreifende Brücken zwischen Individuen und nationalen sowie internationalen Kollektiven bauen. Durch Herausarbeiten von Gemeinsamkeiten der Denkwurzeln verschiedener Kulturkreise, wie es in der Verknüpfung unterschiedlichster Persönlichkeitssysteme geschehen ist, könnte es gelingen, in den Gebieten der internationalen Wirtschaftswissenschaften neue Terminologien und Modelle zu entwickeln, welche dem Konfliktpotential des Multinationalen die einigende Kraft einer transkulturellen Verständnisebene entgegen setzen. Im Sinne eines ‚globalen Managements' brächte das Wiederaufgreifen universeller Erkenntnismuster integrierende Denkwege mit innovativen Lösungsansätzen für aktuelle Problemstellungen.

---

[231] Vgl. Friedmann 2000, S. 13 f.

Anhang I: INTERVIEW MIT PROF. DR. FRIEDEMANN SCHULZ VON THUN

Das folgende Interview mit Professor Friedemann Schulz von Thun (SvT) wurde am 01.11.2006 in seinem Arbeitszimmer an der Universität Hamburg von Sabine Gram (SG) geführt und mit einem MP3-Player aufgezeichnet.

SG: *Inwieweit erachten Sie Menschenkenntnis im Betrieb als wichtig? Welchen Stellenwert hat Menschenkenntnis Ihrer Meinung nach in der Unternehmensführung?*

SvT: Der Stellenwert der Menschenkenntnis in kooperativen Situationen und im Betrieb: Es steht und fällt ja alles mit dem gelungenen Mannschaftsspiel. Und da, wo die Preise gleich und die Produkte ähnlich sind, kann das sogar zum „Zünglein an der Waage" werden. Also der menschliche Faktor und der kundige Umgang mit dem inneren Menschen, der in mir ist und im anderen ist, ist doch heute von erheblichem Gewicht würde ich sagen.

SG: *Lässt sich Menschenkenntnis Ihrer Meinung nach erlernen?*

SvT: Unbedingt! Ja, ein Stück weit jedenfalls. Wenn jemand schon weit ist, dann kann er noch weiter kommen. Und wenn jemand so wie ich damals, als ich Abitur machte, ganz am unteren Ende der Skala ist, dann kann er ein Stück hoch rutschen. Und das lohnt sich! Ich würde sagen es lohnt sich, sich mit diesem Bereich zu beschäftigen, auch um des inneren Menschen willen, der in einem selbst schlummert und sich rührt und regt.

SG: *Wie lernt man Menschenkenntnis am besten, ihrer Meinung nach?*

SvT: Ich habe viel gelernt in Selbsterfahrungsgruppen. Da wird man ja gefordert, sich auszusagen und zu dem zu stehen was in einem ist. Aber was ist denn in einem? Und wenn man da einen kundigen Anleiter hat, der einem hilft, das zu ergründen, wenn man sich selber fremd ist, dann ist das eine wunderbare Möglichkeit. Zweitens: Für mich war Riemann wichtig. Dass es Menschen gibt, denen in den gleichen Situationen ganz anders ums Herz ist als mir. Empathisch zu sein und einfühlsam zu sein gegenüber Menschen, die genauso ticken wie ich, das geht ja noch, das ist ja noch leicht. Aber wenn die ganz anders ticken und an ganz anderen Stellen innere Schwierigkeiten und Nöte bekommen. Dazu hat mir der Riemann geholfen. Dass Empfindlichkeiten an unterschiedlichen Stellen entstehen können. Und diese vier seelischen Himmelsrichtungen, wie ich das mal nennen würde, die bei Riemann aufgespannt werden, mit Nähe, Distanz und Dauer und Wechsel. Das war für mich eine ganz wichtige Lektion als ich sie wirklich verstanden hatte. Was war Ihre Frage gewesen?

SG: *Wie man Menschenkenntnis am besten erlernt.*

SvT: Ja, also für mich war es durch den Riemann. Ich habe darüber geschrieben in „Mit sich selbst und anderen klarkommen". Kennen Sie das Taschenbuch von mir, das ist das neueste?

SG: *Das habe ich noch nicht gelesen, ich habe es gestern erst gekauft.*

SvT: Da gibt es diese Quintessenz und da singe ich ein Loblied auf den Riemann: „ Willst Du ein guter Psychologe sein, dann lass dich auf den Riemann ein", hab ich da irgendwo geschrieben. Ja, also das war für mich wichtig.

SG: *Ich habe den Riemann auch gelesen und er war für mich auch sehr wichtig. Ich war auch 10 Jahre lang bei einer Schülerin von Ruth Cohn, die mich unterrichtet hat. Deshalb sind auch für mich beide Ansätze wichtig: die Selbsterfahrung, aber auch die analytische Ebene.*

SG: *Wo finden Ihre acht Kommunikationsstile Anwendung in der Personalentwicklung. Wo und wie wird das umgesetzt?*

SvT: Ja, die muss ich sagen, habe ich mehr im Hinterkopf. Die habe ich nicht im Vorderkopf und lehre sie auch nicht, außer durch das Buch natürlich. Aber ich mach es nicht zum Inhalt meiner Seminare, da gehe ich mehr vom Riemann aus, weil 4 Pole, das können die Menschen leichter verstehen und verdauen als wenn ich da gleich mit acht komme. Deswegen mache ich das in Grundkursen nicht. Aber ich hab sie im Hinterkopf und dann habe ich so eine Ahnung wenn ich jemanden erlebe, wie seine Entwicklungsrichtung sein könnte. Ich habe ja auch im Buch für jeden Stil auch die möglichen Entwicklungsrichtungen im Wertequadrat dargestellt. Und das habe ich im Hinterkopf.

SG: *Letztendlich lassen sich ja alle Persönlichkeitsmodelle auf ein 3-er oder auf ein 4-er Modelle zurückführen.*

SvT: Die BIG FIVE sind wahrscheinlich auch ganz gut im Riemann-Kreuz darstellbar.

SG: *Die Dreier Modelle beleuchten mehr das Innere und die 4-er Modele das Äußere Verhalten, wie zum Beispiel die Kommunikation. Das Enneagramm wiederum ist ja ein 3-er Modell.*

SvT: Haben die nicht neun?

SG: *Ja, drei mal drei.*

SvT: Und welche sehen Sie als die Drei?

SG: *Die drei Grundelemente sind Bauch-, Herz- und Kopfzentrum. Da gibt es auch eine Korrelation zur neuesten Gehirnforschung, dass der Mensch drei verschiedene Gehirne hat: Stammhirn, Zwischenhirn und Großhirn. Zu einem seiner Gehirne hat er ein primär größeres Urvertrauen, was heißt dass er im Zweifelsfall entscheidet nach dem Bauch, wenn er im Stammhirn verankert ist, also nach dem Instinkt. Oder er entscheidet nach dem Herz, also dem Gefühl, was im Zwischenhirn verankert ist, oder er entscheidet nach dem Kopf, dem Verstand, der im Großhirn beheimatet ist. Das unterscheidet die Menschen natürlich prinzipiell erstmal ganz stark voneinander. Und dann gibt es noch mal eine Feineinteilung in drei Typen pro Zentrum und schon ist es fertig. Und trotzdem ist es die gleiche Weisheit wie bei Ihren Kommunikationsstilen auch und das hat mich darin bestätigt, dass viele Wege nach Rom führen. Es ist also egal, wo man anfängt zu denken, wenn man einer Sache auf den Grund geht, landet man immer bei den gleichen Wahrheiten.*

SvT: Hm

SG: *Angefangen hat es damit, dass ich versucht habe anhand Ihrer Wertequadrate für jeden Stil auch einen positiven Begriff zu finden.*

SvT: Ja, unbedingt.

SG: *Um es übertragen zu können auf das Enneagramm.*

SvT: Ja, richtig.

SG: *Da habe ich zum Beispiel für den Bedürftig-abhängigen den Feinfühligen, ja und hier für den Selbstlosen den Diplomatischen.*

SvT: Ja, unbedingt.

SG: *Für den Sich Beweisenden, den Werbenden*

SvT: Ja, der Diplomatische ist auch der Dienende.

SG: *Ja, das ist wunderbar.*

SvT: Und andere haben da die größten Probleme.

SG: *Ja, selbst ganz hoch entwickelte Menschen, wenn die ganz oben sind, die gucken nie auf jemand runter, zum Beispiel unseren neuen Papst sehe ich so.*

SvT: Ja

SG: *Ein Diener, oder auch Frau Merkel, das ist einfach beeindruckend.*

SvT: Hm, ja, ja!

SG: *Und dann der Sich Beweisenden habe ich als den Werbenden...*

SvT: Ja, genau

SG: *Den Mitteilungs-Dramatisierenden habe ich als den Aufbauenden...*

SvT: Aufbauend?

SG: *Aufbauend, damit ist gemeint andere Menschen aufbauend.*

SvT: Hm, nicht unbedingt, nicht unbedingt, ...

SG: *Was würden Sie...*

SvT: Das kann jemanden aufbauen, aber es kann auch jemanden demoralisieren, weil er sich nicht gemeint fühlt, je nachdem wie man tickt im Umgang mit solchen Leuten.

SG: *Ja das ist richtig, das ist ja auch das Verhältnis Clown-Publikum.*

SvT: Aber die haben auch etwas Farbiges und Faszinierendes, das ist in ihrem Wesen. Wie das dann wirkt auf andere, das hängt dann wieder von dem Boden ab, auf den die Saat fällt. Also ich würde hier mehr die Saat beschreiben als die Wirkung, die es hat, wenn es auf einen Boden fällt. Verstehen Sie den Unterschied? Fällt die Saat meines Wesens auf diesen Boden, wirkt sie vielleicht aufbauend, fällt sie auf jenen Boden wirkt sie vielleicht demoralisierend. Das hängt dann mehr vom Boden ab.

SG: *Ja, das ist richtig.*

SvT: Deswegen würde ich hier mehr das Wesen der Saat hervorheben und nicht ihre Wirkung.

SG: *O.k., ich werde mich bemühen. Die passenden Begriffe zu finden ist ja allein schon eine Wissenschaft für sich.*

SvT: Ja, ja. Was haben Sie da sonst noch? Das stimmt, ja. Ja und in gewisser Weise auch respektvoll, sie treten nicht so leicht über die Grenzen. Also manchmal schlummern sogar noch mehrere Tugende in diesen...

SG: *Ja, natürlich*

SvT: Lehrend, Orientierung gebend für den Bestimmend kontrollierenden, ja. Führungsstark für den aggressiv-entwertenden ja, und auch konfrontationsfähig.

SG: *Und hier war ja jetzt dieser Sonderfall des Helfenden. Das ist der Einzige, der schon positiv formuliert war. Da habe ich bemüht, die negative Entsprechung zu finden und es in dem Begriff der Co-Abhängigkeit gefunden. Der braucht jemand, der ihn braucht.*

SvT: Ja, ja. Das ist nicht schlecht, ja. Und es gibt ja eine Helfersyndromart, die schon ins Negative geht.

SG: *Und dann war es mir möglich, die Kommunikationsstile zu übertragen auf das Enneagramm. Kennen Sie das?*

SvT: Ja, aber schon wieder vergessen. Also ich bin darauf aufmerksam gemacht worden, dass meine Stile eine Affinität haben zu diesem Enneagramm und habe es mir daraufhin angeguckt. Ich hatte es nicht, als ich diese Stile publiziert hatte.

SG: *Hier habe ich die Stile in das Enneagramm-Schaubild übertragen, sehen Sie? Da fehlt der Neuner-Typ. Wissen Sie warum?*

SvT: Keine Ahnung. Was ist denn der Neuner?

SG: *Das ist der ganz Friedliche, der Ruhige, der harmonisieren will. Er geht nicht in den kommunikativen Konflikt, er ist ja der Vermittler.*

SvT: Ah, ja, ja. Da haben Sie das jetzt also in Verbindung gebracht.

SG: *Und das Erstaunliche dabei ist ja, dass es wieder ein System, ein Muster innerhalb des Enneagramm gibt.*

SvT: Hm, ja. Interessant. Da sind Sie auf einer interessanten Spur. Haben Sie noch Fragen, die Sie im Rahmen der Zeit auf jeden Fall noch gerne gestellt hätten?

SG: *Bei der Vorlesung sprachen Sie von Boris Fittkau als ihrem Partner. Der ist doch Leiter des Enneagramm-Theaters in Hamburg.*

SvT: Nein, ich sprach von Bernd Fittkau und das ist sein Vater.Boris ist sein Sohn, aber das der Leiter des Enneagramm-Theaters in Hamburg ist, das wusste ich nicht.

SG: *Ja, die machen inzwischen auch Tourneen und ich hatte die Gelegenheit, sie dieses Jahr in Baden-Baden zu erlebe und war beeindruckt, auf welch professioneller Ebene die Schauspieler agieren.*

SvT: Ach ja, das ist ja interessant. Boris macht Enneagramm-Theater, das wusste ich noch nicht.

SG: *Ja also, das waren meine wesentlichen Fragen.*

SvT: Dann drücke ich Ihnen tüchtig die Daumen für diese wunderbare Arbeit, die Sie da vor sich haben.

SG: *Danke.*

Anhang II: INTERVIEW MIT UNTERNEHMER GERHARD GRAMM

Das folgende Interview mit Gerhard Gramm (GG) wurde am 01.06.2007 telefonisch von Sabine Gramm (SG) geführt und simultan mitgeschrieben.

SG: *Seit wann leitest Du das Unternehmen Gramm Technik GmbH & Co. KG, Gerhard?*

GG: Seit 1960/61 alleine.

SG: *Wieviele Mitarbeiter zählt es?*

GG: Etwa 250 an 6 verschiedenen Standorten.

SG: *Welche Bedeutung hat Menschenkenntnis in Deinem Unternehmen??*

GG: Menschenkenntnis ist das A und O in einem Unternehmen. Ohne Menschenkenntnis könnte ich meinen Betrieb gleich schließen.

SG: *Wie hast Du Dir Menschenkenntnis erworben?*

GG: Durch Lebenserfahrung.

SG: *Beim Lösen von technischen Problemen greifst Du auf chemische und physikalische Gesetzmäßigkeiten zurück. Könntest Du Dir vorstellen, dass ein erweitertes Wissen über zwischenmenschliche Gesetzmäßigkeiten hilfreich wäre?*

GG: Nein, das kann ich mir nicht vorstellen. Das ist zu kreativ, lässt sich nicht mehr steuern. Menschen lassen sich nicht in eine Norm pressen. Es gibt Fallbeispiele, die zum Ziel führen.

SG: *Danke für das Gespräch, Gerhard.*

Anhang III: Fragebogen   Datum: ....

Name, Vorname: ....

Alter: ....   Familienstand: ....   Kinder: ....

Firma/Branche: ....

Abteilung/Arbeitsplatz: ....

1. Selbsteinschätzung

1.1. Entwicklungsstufen der einzelnen Zeichen

Stufe 1
Stufe 2
Stufe 3
Stufe 4
Stufe 5
Stufe 6
Stufe 7
Stufe 8
Stufe 9

Stresspunkt Nr.:	Linker Flügel Nr.:	Enneagrammtyp Nr.:	Rechter Flügel Nr.:	Trostpunkt Nr.:

1.2. Persönliche Stärken

....
....

1.3. Persönliche Schwächen

....
....

1.4. Persönliche Potentiale

....
....

1.5. Eigenschaften, die ich aktuell in mir weiter entwickle:

....
....

Anhang IV: BESONDERHEITEN

1. Persönlichkeitsentwicklung

Mit dem ersten Blatt des Fragebogens wurde die mit der Forschungsreihe einherge-
hende Persönlichkeitsentwicklung der Probanden dokumentiert. Dies ist kein wesentlicher Bestandteil der vorliegenden Untersuchung, dennoch im Vergleich mit der
parallelen Veränderung der Arbeitsbeziehungen interessant. Die Persönlichkeitsent-
wicklungen der Teilnehmer wurden anhand einer Skala von neun bis eins bewertet.
Aus Gründen der Kompatibilität mit der Kooperationsskalierung wurde die Rangfolge der Zahlen umgedreht und die neuen Werte in das Zehnersystem umgerechnet.
Aus den Werten aller Probanden wurden die jeweiligen Mittelwerte zu den Stichtagen errechnet.[232] Das Ergebnis des ersten Stichtages wurde gleich null gesetzt und
die nominalen Differenzen zu den beiden folgenden Werten gezogen, veranschaulicht in der blauen Linie. Ebenso wurde mit dem Gesamtergebnis aller Einzelkooperationen verfahren, die Veränderungen zum ersten Stichtag sind in der grünen Linie
veranschaulicht.

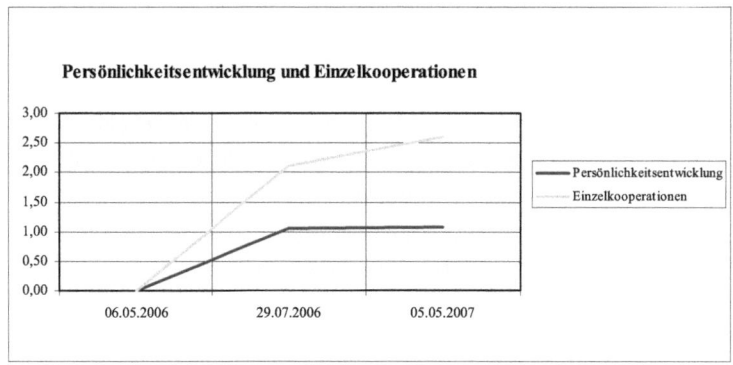

Abb. 28: Persönlichkeitsentwicklung und Einzelkooperationen

Augenfällig ist bei der blauen Linie der Persönlichkeitsentwicklung der starke Anstieg während der Coachingphase und die anschließende Stabilisierung auf fast

---

[232] Aus Gründen der Anonymität wurde auf einzelne Daten von Probanden verzichtet.

gleich bleibendem Niveau. Der Anstieg in den Einzelkooperationen ist im Vergleich dazu etwa doppelt so groß und setzt sich etwas weniger steil im weiteren Verlauf noch fort. Statistisch kann hier höchstens von einem schwachen, positiven stochastischen Zusammenhang ausgegangen werden. Ein größer angelegtes Experiment mit deutlich mehr Messdaten könnte genauere Erkenntnisse über die spezifischen Zusammenhänge der beiden Variablen bringen.

2. Hierarchiebeziehungen

Eine Aufteilung der Beziehungen in Gruppen von den Probanden unterstellten Mitarbeitern (insgesamt sieben Kooperationen), gleichrangigen (sechs Kooperationen) und vorgesetzten (vier Kooperationen) ergibt folgende Veränderungen in Punkten:

Unterstellt: + 2,26   Gleichrangig: + 3,5   Vorgesetzt: + 2.

Relativ zur durchschnittlichen Verbesserung der Beziehungen von 2,64 Punkten lässt sich eine überdurchschnittliche positive Veränderung bei den gleichrangigen Arbeitsbeziehungen (+ 0,86 Punkte) erkennen und eine leicht unterdurchschnittliche bei den unterstellten Mitarbeitern (- 0,38 Punkte). Der geringste Einfluss ist bei den Kooperationen mit Vorgesetzten (- 0,64 Punkte) zu verzeichnen.

3. Geschlechtsspezifische Unterschiede

Eine Aufteilung der Forschungsgruppe in männliche (5) und weibliche (2) Probanden und die jeweiligen Gesamtveränderungen der Beziehungen in Punkten zeigt folgendes Bild:

Männlich: 2,29 (11 Beziehungen)   Weiblich: 3,28 (6 Beziehungen).

Relativ zur durchschnittlichen Verbesserung der Beziehungen von 2,64 Punkten lässt sich eine unterdurchschnittliche positive Veränderung (- 0,35 Punkte) bei den Beziehungen der männlichen Probanden und eine überdurchschnittliche (+ 0,64 Punkte) bei den weiblichen verzeichnen.

4. Private Beziehungen

Ein Vergleich der siebzehn beruflichen mit den vier privaten Beziehungen, die im Rahmen dieser Untersuchung mit evaluiert wurden, zeigt folgendes Bild im Liniendiagramm:

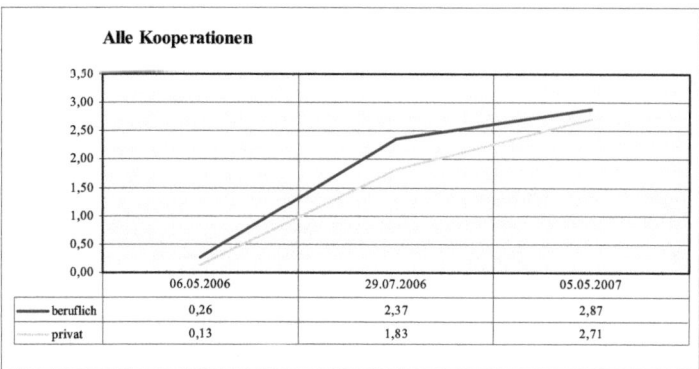

Abb. 29: Persönlichkeitsentwicklung und Einzelkooperationen

Der Verlauf der siebzehn beruflichen Beziehungen und der vier privaten ist gemäß obigem Schaubild sehr ähnlich. Der Mittelwert der jeweiligen Gruppen begann in der beruflichen Bezugsgruppe bei 0, 26, bei der privaten auf einem Niveau von 0,13. Die Steigerung entlang des gesamten Untersuchungszeitraumes betrug im ersten Fall 2,61 Punkte, im zweiten 2,58. Gemäß dieser wenig repräsentativen Zufallsstichprobe sind die Gesetzesmäßigkeiten von Selbstkenntnis, Menschenkenntnis und Kommunikation beruflich wie privat gleich wirksam und einsetzbar sind.

ANHANG V: STIMMEN DER PROBANDEN

Beim letzten Treffen am 5. Mai. 2007 hatten alle Probanden die Möglichkeit, sich im Rahmen einer schriftlichen Befragung kritisch zu dem vermittelten Wissen und der Forschungsreihe insgesamt zu äußern. Es folgt eine Auswahl besonders prägnanter Aussagen, ohne Angabe von Namen:

Frage: **Hilft mir das Wissen immer noch? Und wenn ja, wie?**

Antwort: „…einige Menschenkenntnisse aus dem Seminar werden mir mit der Zeit immer bewusster, tagtäglich."

Antwort: „Ja, wichtigste Erkenntnis: Menschen sind verschieden."

Frage: **Was ist der größte Gewinn, den ich beruflich aus dem Projekt ziehe?**

Antwort: „Mit dem Wissen kann und darf ich auch im Beruf Mensch sein und damit einen klaren Gegenpol zum reinen Manager aufzeigen."

Antwort: „Bessere Kommunikation, bei Prozessdefinition und Strukturaufbau fließen Stärken/Schwächen der Mitarbeiter mit ein."

Antwort: „Orientierungshilfe bei Einstellungen und anderen schwierigen Personalentscheidungen."

Antwort: „Am einfachsten geht es vorwärts, wenn man keine ‚falsche' Rolle einnimmt."

Antwort: „Weniger zu dramatisieren und den richtigen Ton dem anderen gegenüber zu finden."

Antwort: „Eröffnet die Möglichkeit Ablauforganisation effektiver zu gestalten."

Frage: **Was bewirkt Menschenkenntnis meiner Erfahrung nach?**

Antwort: „Insbesondere Toleranzzunahme. Und manche vorher Angst machende Dinge wurden wirklich einfach. Konflikte gibt es trotzdem, vielleicht sogar mehr offen ausgetragene."

Antwort: „Mit Respekt und Toleranz mit sich und anderen Menschen umgehen."

Antwort: „Bewusste Wahrnehmung und Wertschätzung von Menschen."

Antwort: „Meine Konfliktfähigkeit wurde ausgebaut."

Antwort: „Win-Win."

Frage: Was mir bei der Projektdurchführung besonders gut gefallen hat:

Antwort: „Die Coachingphase und der Erfahrungsaustausch mit den anderen Teil-
            nehmern."

Antwort: „Seminaraufbau."

Antwort: „Unterstützung bei der Selbstfindung, vertraute Atmosphäre."

Antwort: „Die Diskussionen."

Antwort: „Dass man alle Fragen stellen konnte und immer Antwort erhalten hat."

Frage: Was mir nicht so gut gefallen hat:

Antwort: „Mangelnde Umsetzung in die Praxis."

Antwort: „… zu wenig Möglichkeiten zum Üben waren."

Antwort: „Nachmittags war es sehr anstrengend, wenn man da noch so tief in sein
            Inneres gehen sollte."

Anhang VI:

PERSÖNLICHE ERKLÄRUNG

Ich versichere, dass ich den beiliegende Diplomarbeit selbständig verfasst,
keine anderen, als die angegebenen Quellen und Hilfsmittel benutzt
sowie alle wörtlich oder sinngemäß übernommenen Seiten
in der Arbeit gekennzeichnet habe.

Anhang VI: Gutachten

Zusammenfassung der wesentlichen Inhalte aus insgesamt 6 Seiten Gutachten zur Diplomarbeit von Prof. Dr. Hans Peter Kempkes und Prof. Dr. Ulrich Kreutle, Hochschule AKAD Stuttgart im August/September 2007

- Das Thema ist aktuell, innovativ, komplex und außergewöhnlich.

- Die aktuelle Bedeutung der Menschenkenntnis wurde klar erkannt und ausgezeichnet argumentiert.

- Die Grundlagen zur Menschenkenntnis und den Persönlichkeitsmodellen sind inhaltlich fehlerfrei.

- Die Verbindung der vier Grundstrebungen mit den acht Kommunikationsstilen und dem Enneagramm ist eine besonders innovative Leistung, ein Gramm'sches Kommunikationsenneagramm wurde erarbeitet. Der vorgelegte Entwurf ist gut gelungen, nachvollziehbar und erscheint in seiner Passgenauigkeit verblüffend.

- Die Literaturrecherche ist umfassend, aktuell, überdurchschnittlich, ausgezeichnet.

- Es wurden keine systematischen oder inhaltlichen Fehler gefunden, lediglich wenige, kleinere Formfehler.

- Menschenkenntnis ist in der Betriebswirtschaftslehre nur ansatzweise bekannt und keineswegs fundiert erforscht. Frau Gramm hat damit Neuland betreten

- Die Arbeit kann als Vision und Ansporn gesehen werden.

- Die Ergebnisse können in Teilen durchaus als richtungsweisend angesehen werden.

- Der Schwierigkeitsgrad der empirischen Untersuchung war hoch (= Seminarreihe + Coachingprozess + Evaluation), die Vorgehensweise methodisch korrekt, systematisch durchgeführt und ausgewertet, der Gesamteindruck ist exzellent.

- Weiterhin soll auch der Mut gewürdigt werden, ein innovatives und außergewöhnliches Thema zu bearbeiten

- Der Ausblick auf zukünftige Entwicklungen hätte noch etwas ausgebaut werden können.

- Insgesamt eine sehr engagierte, gelungene, formal und orthographisch vorbildliche und anspruchsvolle Arbeit, die mit „sehr gut" bewertet wird.

Die Arbeit wurde in den Bestand „überdurchschnittlich guter wissenschaftlicher Arbeiten" der Präsenzbibliothek der Hochschule AKAD in Stuttgart aufgenommen, wo sie auch einsehbar ist.

Anhang VII: Empirische Studie am Karlsruher Institut für Technologie KIT

Im Jahr 2011 konnte eine weitere empirische Studie zur Menschenkenntnis, analog derjenigen der vorliegenden Diplomarbeit aus dem Jahr 2006, am Karlsruher Institut für Technologie durchgeführt werden. Initiiert wurde das Projekt durch die Personalentwicklungsleiterin **Dr. Anke Diez**, betreut vom Abteilungsleiter Führungskräfte und Topmanager **Ernst Aumüller** und durchgeführt von Trainerin und Coach **Sabine Gramm**. Bei diesem Programm wurde ein Teil der Trainingszeit für **ein Organisationskulturentwicklungsmodul** verwendet zur Beleuchtung der **Fusion** der ehemaligen Universität Karlsruhe (KIT-Süd) mit dem ehemaligen Forschungszentrums Karlsruhe (KIT-Nord) zum KIT, was kurzfristig einige Unruhe vor allem für die Führungskräfte des mittleren Managements mit sich gebracht hatte. Der Projektname lautete entsprechend:

KIT-Fusion und verbesserte Arbeitsbeziehungen.

Aufbau des Projektes:

Der Aufbau war sehr ähnlich wie bei Studie I:

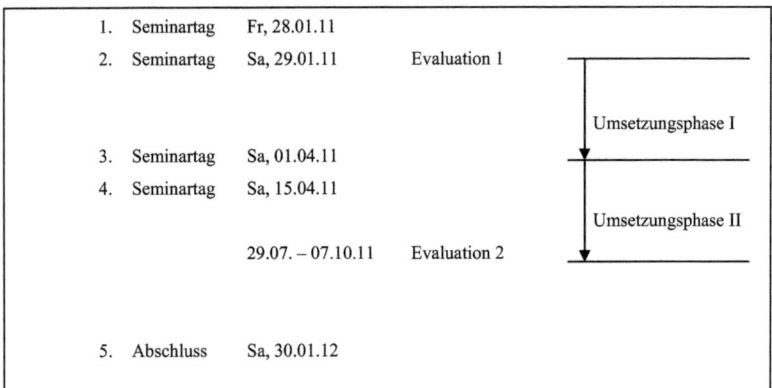

1.	Seminartag	Fr, 28.01.11		
2.	Seminartag	Sa, 29.01.11	Evaluation 1	
				Umsetzungsphase I
3.	Seminartag	Sa, 01.04.11		
4.	Seminartag	Sa, 15.04.11		
				Umsetzungsphase II
		29.07. – 07.10.11	Evaluation 2	
5.	Abschluss	Sa, 30.01.12		

Das Probandenteam

Die Probanden zu Beginn des Projekts setzten sich in etwa zur Hälfte aus Mitarbeitern von **KIT-Nord** und **KIT-Süd** zusammen, manche hatten auch in beiden Forschungshemisphären zu tun. Konkreter handelte es sich um **8 Führungskräfte** im Alter von Mitte 30 bis Ende 40, davon 5 promoviert, tätig in verschiedensten Bereichen des **mittleren Management** des KIT, vom **Personal-/Betriebsrat** über die **Studierendenbetreuung**, das **Rechenzentrum** und die **Exzellenzinitiative** bis hin zum **Präsidium**. Von der federführenden **Personalentwicklungsabteilung** nahmen **Mitarbeiterinnen** im Alter von unter 30 Jahren ganztägig teil und der Leiter Ernst Aumüller kam in der Regel gegen Ende der Seminartage für jeweils 1-2 Stunden hinzu, vor allem wenn die Unternehmenskulturentwicklung behandelt wurde. Von Beginn an herrschten große Offenheit und Interesse, sowie eine konzetriert-arbeitsintensive Atmosphäre Der Bann zum vertrauensvolleren Du war auf Wunsch der Teilnehmer schon nach einem halben Tag gebrochen, das Gruppenbonding erfolgt. Der Umgang miteinender war stets respektvoll, achtsam, konstruktiv und wohlwollend.

Die Seminartage

Insgesamt waren die Inhalte die Gleichen wie bei Studie I, allerdings aufgrund des 5-jährigen Abstands ein Stück weiter entwickelt. Die Seminartage fanden ebenso von 09:00 – 17:00 Uhr statt, dreimal in Räumlichkeiten der Personalentwicklung (PE) und einmal am KIT Süd. Umfangreiches Equipement und Catering wurde von der PE organisiert.

- **Seminartag 1** war der **Selbsterkenntnis** über die 9 Bewusstseinszustände des Enneagramms gewidmet.

- Am **2. Seminartag** wurde die Dynamik des Systems zur **horizontalen Persönlichkeitsentfaltung** und **vertikalen Persönlichkeitsentwicklung** erläutert, sowie die **1. Evaluation** durchgeführt.

- Am **3. Seminartag** ging es um **Menschenkenntnis** mit dem Cosmogramm, sowie den Übergang von der Sichtweise individueller Beobachtungskategorien zu **kollektiven Sichtweisen**. Abschluss dieses Tages bildete ein emotionales

Brainstorming zu den kulturellen Unterschieden von KIT-Süd und Nord, was in gemeinsamer Anstrengung konstruktiv in eine **Kulturbilanz** übersetzt wurde.

- **Der 4. Seminartag** war **ganz der Kommunikationslehre Schulz von Thuns** gewidmet sowie Tandempräsentationen, die das Erlernte kumulativ in allen 9 Bewusstseinszuständen demonstrierten. Am Ende des Tages wurde der Organisationsentwicklungsprozess in einer erneut intensiven, gemeinsamen Runde von der Kulturbilanz über eine **Wertebilanz** bis hin zu **kollektiven Wertequadraten mit synergetischen Arbeitshaltungen** weiter bearbeitet.

- **Alle Seminartage** konnten pünktlich beginnen, aber aufgrund der zusätzlichen Arbeitsaufgabe der Unternehmenskulturentwicklung konnten nicht alle pünktlich enden. Die meisten Probanden waren fasziniert von der Thematik, die ihre alltäglichen Fusionsprobleme aufgriff und für sie hilfreich reflektierte, weshalb sie gerne freiwillig bis zu einer Stunde länger blieben. Andere, die noch Termine hatten verließen mit Einverständnis von Gruppe und Leitung nach dem offiziellen Ende das laufende Geschehen, was zu keinerlei Schwierigkeiten führte.

- Trotz der zusätzlichen und unerwartet umfangreichen Termin- und Raumfindungsthematik am 2. Seminartag sowie der an diesem Tag zusätzlich eingebauten Evaluierung, den zusätzlichen Fusions-Aufgaben an den Seminartagen 3 und 4 konnten dank der **hohen Konzentrationsleistung**, der **raschen Auffassungsaufgabe** und dem **großen Interesse** der Teilnehmer **alle Seminarinhalte des Pro-FIEL®-Konzeptes untergebracht werden**, womit eine eigenständige Umsetzung der Lerninhalte für eine erfolgreiche Evaluierung sichergestellt wurde.

- An jedem der 4 Seminartage waren 9 Probanden anwesend. **Alle waren immer pünktlich, auch nach den Pausen.**

- Bei der **Abschlussveranstaltung** mussten 2 Probanden kurzfristig aufgrund dringender Abschlussarbeiten für das KIT fernbleiben, der Leiter des Projekts war anwesend. Es wurde ein chronologischer, inhaltlicher und statistischer Rückblick auf das Projekt geworfen, sowie die Ergebnisse der Evaluierung gezeigt, Erfahrungen ausgetauscht, Fragen gestellt und zukünftige Anwendungsmöglichkeiten erörtert.

Die Coachings

- In **Coaching I** wurden die Themen **Persönlichkeitsprofilierung** und – **entwicklung** behandelt nach einem speziellen Enneagramm-Coaching-Konzept der Trainerin. Alle konnten sich hierbei in ihrem Hauptcharaktermuster finden und ihre derzeitigen Weiterentwicklungsthemen erkennen.

- In **Coaching II** wurden die **Beziehungen zu** je **drei** von den Probanden selbst gewählten **Arbeitskollegen** beleuchtet und neue Verhaltens- und Kommunikationsstrategien für den Umgang mit diesen Persönlichkeiten erarbeitet.

- In **Coaching III** wurde überprüft. Inwieweit diese Strategien ihre Wirkung entfalten konnten und gegebenenfalls modifiziert. Es wurde ein weiterer Blick auf die Entwicklung der eigenen Persönlichkeit und ihre nächsten möglichen Schritte geworfen.

- Alle Coachees nahmen alle Coachings wahr und kamen immer **pünktlich**, kein Termin musste verschoben werden.

- Es wurden insgesamt **26 Einzelcoachings** für 9 Teilnehmer durchgeführt. Ein Teilnehmer schied nach dem ersten Coaching aus und 1 Teilnehmerin bekam ein 4. Coaching zusätzlich. Somit lautet die Rechnung 7 x 3 + 4 + 1 = 26.

- Die **Coachinglänge** betrug insgesamt **45,5 Stunden** und somit durchschnittlich **1,75 Stunden pro Coaching**. Lässt man die Coachingstunde für den ausgeschiedenen Teilnehmer weg und dividiert den Rest durch die verbliebenen 8 Coachees ergibt sich eine durchschnittliche **Coachinglänge von 5,5 Stunden pro Teilnehmer** für alle Termine zusammen. Da alle innerhalb der Coachings ihre Ziele erreichen konnten, war die aufgrund der vorherigen Studie angedachte Coachinglänge von 6 Stunden pro Teilnehmer ausreichend und ist damit das Maß für dieses Projekt.

Die Umsetzungsphasen

- **Umsetzungsphase I** wurde für je eine Coachingeinheit pro Teilnehmer in Selbsterkenntnis und Persönlichkeitsentwicklung verwendet mit anschließender praktischer Anwendung im Arbeitsalltag.

- **Umsetzungsphase II** wurde entsprechend der vorangegangenen Seminarinhalte Menschenkenntnis und Kommunikation in Verbindung mit der 2. Coachingeinheit zur Verbesserung der Kooperationsqualitäten in je drei konkreten Arbeitsbeziehungen pro Teilnehmer genutzt.

- Alle Probanden setzten das Erlernte und Erkannte um, 7 von 8 mit **außergewöhnlichem Engagement** und somit exzellentem Ergebnis.

Die Evaluierung

Der Evaluationsbogen war identisch mit Studie I, die Ergebnisse sind deshalb vergleichbar. Gemessen wurde wieder die **Zufriedenheit** in den Arbeitsbeziehungen, bestehend aus den Parametern Selbstakzeptanz, Fremdakzeptanz und Kommunikation und das **Arbeitsergebnis**, bestehend aus den Parametern Arbeitsfluss, Motivation und Arbeitsleistung. Messinstrument war ein von -5 bis +5 ordinalskalierter, standardisierter Selbsteinschätzungsfragebögen, die in Zusammenarbeit mit der Hochschule AKAD für die Diplomarbeit entstanden war. Die **1. Evaluation** wurde am Ende des 2. Seminartages von allen gleichzeitig ausgefüllt, also noch bevor die ausgesuchten Beziehungen beleuchtet wurden. Die **2. Evaluation** am Ende des Projektes, genau nach einem halben Jahr, konnte zu diesem Stichtag nicht ausgefüllt wurden, weil der Termin kurzfristig ausfiel. Alle haben ihn mit der Post zugeschickt bekommen, ohne dass jemand Einblick nehmen konnte, individuell zu verschiedenen Zeitpunkten ausgefüllt und direkt ans das Institut für Menschliche Kommunikation zurück gesendet. Bei der **3. Evaluation** zum Abschlusstermin sollte überprüft werden, ob sich wie bei der 1. Studie die Beziehungen auch ohne weiteren Input noch einmal ein Stück verbessern konnten. Allerdings waren aufgrund der fusionsbedingten, umfangreichen personellen Veränderungen nur noch etwa 50 % der ursprünglichen Arbeitsbeziehungen aus der Evaluierung vorhanden, weshalb die Durchführung nicht mehr sinnvoll erschien.

Die Ergebnisse

Ursprünglich angedacht waren 12 Teilnehmer mit je 3 Arbeitsbeziehungen, also insgesamt 36 gewesen: die Studie sollte doppelt so groß werden wie die erste, der Aufwand sollte sich lohnen. Herausgekommen sind **21 Arbeitsbeziehungen** von 8 Teilnehmern, was eigentlich 24 sein müssten aber 3 weitere lösten sich im Verlauf des Projekts durch Arbeitsplatzwechsel auf. Diese 21 Beziehungen starteten auf einem durchschnittlichen **Zufriedenheitslevel** von – **0,9** und einem durchschnittlichen **Arbeitsergebnis** von -1,13. Das macht zusammen eine **Kooperationsqualität** von – **1,02** Punkten. Bei der 2. Evaluierung 6 Monate später konnte gemessen werden + **1,59** (+ 2,49) in der **Zufriedenheit** und +1,14 (+ 2,27) im **Arbeitsergebnis**, was zusammen durchschnittliche **Kooperationsqualitäten** von +**1,37** (+2,39) ergibt. Übertragen auf eine Skala von 100 starteten die Kooperationen bei einem Wert von **39,8** und landeten bei einem Wert von **63,7** Punkten, also **plus 23,9 Punkte**. Gemessen an 100 möglichen Punkten stellt dies eine Steigerung von **23,9 %** dar. Relativ zum Basiswert von 39,8 Punkten (=100) entspricht dies einer Steigerung von + **60,05 %**.

	1. Evaluation	2. Evaluation	Veränderung	In % zum Zielwert	In % zum Ausgangswert
Zufriedenheit	- 0,9	+ 1,59	+ 2,49		
+ Arbeitsergebnis	- 1,13	+ 1,14	+ 2,27		
= Kooperationsqualität	- 1,02	+ 1,37	+ 2,39	+ 23,9 %	+ 60,05 %

Vergleich beider Studien

Die Mitarbeiter am KIT starteten von einer um 1,28 Punkte niedrigeren Basis als die Teilnehmer der ersten Studie, was relativ zur höchstmöglichen Kooperationsqualität 12,8 % ausmacht. Dies mag dem Umstand geschuldet sein, dass sich alle in einer schwierigen Umbruchsituation bedingt durch die Fusion befanden. Allerdings zogen sie dafür auch stärker an, nämlich um 1 Punkt mehr als die erste Studie, also 10 %. In der folgenden Tabelle sind die beiden Studien im Vergleich dargestellt, übertragen auf ein 100-Punkte-System. Dabei ist zu beachten, dass aus Gründen der Vergleichbarkeit auch bei der 1. Studie die Zahlen der 2. Evaluation zugrunde gelegt wurden.

Die Zahlen der 3. Evaluation nach insgesamt 1 Jahr, die ja bei der 2. Studie nicht erhoben werden konnten, waren höher.

	Studie 1 Diplomarbeit	Studie 2 KIT
Ausgangsbasis Kooperationsqualität	+ 0,26	- 1,02
Veränderung	+ 2,11	+ 2,39
Endergebnis Kooperationsqualität	+ 2,37	+ 1,37
Veränderung relativ zum Zielwert	+ 21,1 %	+ 23,9 %
Veränderung relativ zum Ausgangswert	**+ 40,11 %**	**+ 60,05 %**

Interpretation der Ergebnisse

Insgesamt **ein sehr gelungenes Projekt** mit **überragendem Ergebnis.** Zufriedenheit und Arbeitsergebnis in den 21 evaluierten Arbeitsbeziehungen am KIT konnten innerhalb von 6 Monaten mittels 4 Seminartagen und 3 Einzelcoachings je Teilnehmer um ca. 60 % gesteigert werden. Dies **bestätigt und übertrifft die Ergebnisse aus Studie 1**, wo 17 Arbeitsbeziehungen innerhalb von 4 Monaten um ca. 40 % Steigerung erfahren haben. Die **Wirksamkeit des Konzeptes ProFIEL®** zur Verbesserung der Arbeitsbeziehungen und des Arbeitsergebnis konnte somit **verifiziert** werden. Darüber hinaus ist davon auszugehen, dass sich die evaluierten Arbeitsbeziehungen entsprechend der Studie I **auch nach dem Messung weiter verbessert haben** und dass sich **die hinzugewonnen Denk- und Verhaltensmuster auch auf die nicht-evaluierten Arbeitsbeziehungen positiv auswirken.**

Die Organisationskulturentwicklung

Im Verlauf des Seminars konnte ein **integrales Modell** aus den Bausteinen der **Differentiellen Kommunikationspsychologie** nach Schulz von Thun, dem **Enneagramm**, der **Jung'schen Psychologischen Typen** und dem **Riemann-Thomann-Modell** entwickelt werden: das **Cosmogramm**, bestehend aus 4 Polen, die nach den 4 Elementen benannt wurden. Eine erste Gruppenaufgabe im Bereich der Organisationskulturentwicklung bestand darin, sich in die polaren Charakterqualitäten einzufühlen und deren unterschiedliche Erwartungen und Bedürfnisse an eine Fusion zu benennen. Dann wurde mit einem Konzept bestehend aus der **Organisationskulturentwicklung nach Prof.** Schein, den **Wertequadraten nach Helwig** und den erkannten Charakterqualitäten aus den genannten **Persönlichkeitsmodellen** weiter verfahren, um die Verschiedenheiten der fusionierten Teile KIT-Nord und KIT-Süd heraus zu arbeiten. 1. Ergebnis daraus war eine Kulturbilanz, die aus der Betrachtung offensichtlicher Artefakte entstand:

Kulturbilanz	NORD	SÜD
Organisation	Zentrale Struktur Stringente Verwaltung	Dezentrale Strukturen Einzelfallentscheidungen
Räumlichkeiten	Umzäunt Versteckt im Wald Zugangskontrolle Baracken Platz Schloss außen durch Zaun	offen präsent in der Stadt Frei zugänglich Repräsentative Gebäude Enge Schloss innen am Schreibtisch
Menschen	Weniger Älter Homogenerer Kleidungsstil	Viel mehr (incl. Studenten) Jünger Vielfältige Kleidungsstile
Identitätsgefühl	Gruppendenken Wir = Forschungszentrum	Individuelles Denken Wir = jeweiliges Institut
Subkulturen	Wenige große Gruppen Homogen Geringe Granularität	Viele kleine Gruppen Inhomogen Hohe Granularität
Meinungsbildung	Solidaritätsprinzip Konsensentscheidungen	Interessensprinzip Individuelle Entscheidungen
Bezahlung	Bund TVÖD	Land TVL
Mitbestimmung	Direkter	Indirekter
Kommunikation	Protokollkultur formal, strukturiert Mehr „Sie"	Informelle, unstrukturierte Informationsweitergabe Mehr „Du"
Arbeitszeiten	Arbeitsbeginn früher Kernarbeitszeit Arbeitgeberfreundlichere Überstundenregelung	Arbeitsbeginn später Teilweise freiere Einteilung Arbeitnehmerfreundlichere Überstundenregelung

	Arbeitszeiterfassung für alle	Arbeitszeiterfassung unterschiedlich
Arbeitsinhalte		
	Forschungspolitische Vorgaben	Lehre und Forschung
	Naturwissenschaftlich-technisch	Breitere Themenaufstellung
	Vorsorgeforschung	Grundlagenforschung
	Langfristige Forschungen	Kurzfristige Forschungen
	Gemeinschaftliche Ziele	Einzelziele
Arbeitsprinzipien		
	Kontinuität	Dynamik
	Pünktlichkeit wichtig	Pünktlichkeit unwichtig
	Horizontales Denken	Vertikales Denken
	Zu Ende denken	Improvisationsbereitschaft
	Gründlich und Systemisch	Schnell
	Sicherheit	Risikobereitschaft
	Interdisziplinär	Fachspezifisch
	Weniger kurzfristigen Erfolgsdruck	Mehr kurzfristigen Erfolgsdruck (Ranking/Studentenzahlen)

Daraus wurde im nächsten Schritt eine Wertebilanz erstellt:

Wertebilanz

NORD	SÜD
Solidaritätsprinzip	Interessensprinzip
System	Individuum
Zentraler Wettbewerb	dezentraler Wettbewerb
Wettbewerb langfristig	Wettbewerb kurzfristig
Sicherheit	Risikobereitschaft
Teamarbeit	Vereinzelung
Planung	Improvisation
Homogenität	Vielfalt

Im letzten Schritt wurden die einander gegenüberliegenden Werte in Wertequadrate eingeordnet, um neben den Qualitäten auch die Übertreibungen/Gefahren in beiden KIT-Teilen sichtbar werden zu lassen. Außerdem wurden jeweils **synergetische Wertebegriffe** gefunden, in denen beide Teile sich wieder finden und zu einer sich **wertschätzenden und ergänzenden Zusammenarbeit** finden können:

Wertequadrate

mit Regenbogen, der verbindet

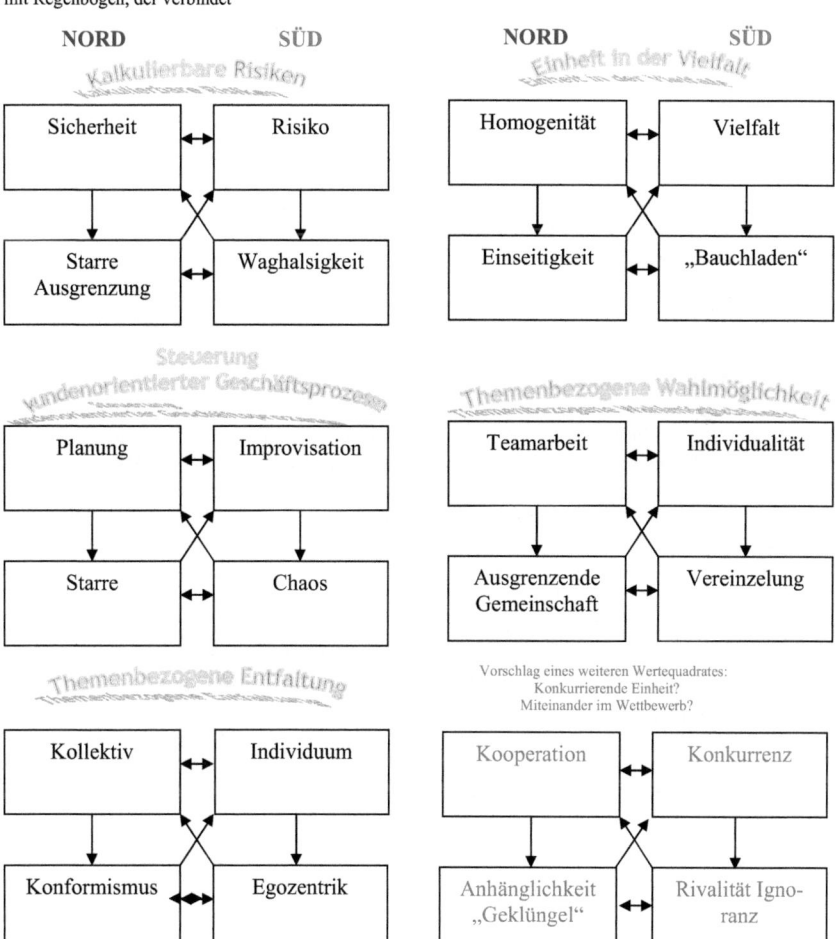

Ein insgesamt spannender und euphorisierender Prozess, der fast alle in ihren Bann schlug. Bezüglich der Enneagramm-Muster konnte in allgemeiner Übereinstimmung KIT-Süd schwerpunktmäßig im 3-er Bereich und KIT-Nord vorrangig im 6-er Bereich lokalisiert werden.

Besonderheiten in der Durchführung:

- Die Initiatorin des Projektes Frau Dr. Diez übergab aufgrund von Mutterschutz die Durchführung des Projektes in die Hände von Ernst Aumüller. Sie ließ sich aber immer von dem Fortgang berichten und behielt die **Schirmherrschaft** aus der Ferne.

- Beim **1. Termin** fehlte eine Probandin, die dann zum 2. Seminartag eine bereits miteinander vertraute Gruppe vorfand, was zu unausgesprochen Dissonanzen führte bis sie integriert war, was letztendlich gut gelang.

- Beim **2. Termin** fehlte eine andere Probandin aufgrund Krankheit eines Kindes, die den Seminarinhalt im Selbststudium und durch erweitere Coachingstunden individuell nachholte.

- **Nach dem 2. Termin** musste eine Probandin wegen anderweitiger Verpflichtungen die Gruppe verlassen. Sie konnte auch kein Coaching mehr wahrnehmen und fiel damit aus der Evaluierung raus.

- Der **2-monatige Abstand** zwischen zweitem und drittem Seminartag war organisatorisch bedingt und **kann im Normalfall kürzer sein**. Aufgrund dieser Tatsachen wurde ein Teil des 2. Seminartages für neue Termin- und Raumfindungen verwendet, weshalb Übungen teilweise gestrichen werden mussten, worüber nicht alle glücklich waren. Letztendlich gelang aber der gemeinsame Kraftakt und die Durchführung des Projektes bis zu seinem Ende konnte aufgrund des unbedingten Willens der Führungskräfte gemeinsam weiter machen zu wollen gesichert werden. Allerdings war der erste nächstmögliche Termin an dem alle konnten dann eben leider erst 2 Monate später.

- **Nach dem 4. Seminartag** verließ ein weiterer Proband das Projekt, da er den Arbeitgeber wechselte. Er konnte nur zweimal gecoacht werden, war bei der 2. Evaluation nicht mehr dabei und fiel somit auch aus der Statistik raus.

- Der **ursprünglich anberaumte Abschlusstermin** am Ende von Umsetzungsphase II wurde aufgrund von Termin- und Abstimmungsschwierigkeiten von der Personalentwicklungsabteilung gleichtägig abgesagt, was zur Folge hatte, dass die vorbereitete **2. Evaluation** nicht gemeinsam von allem zu diesem Stichtag durchgeführt werden konnte.

- Die Stimmung an den Seminartagen und Coachings war fast durchgängig **außerordentlich konzentriert** auf die Inhalte und **persönlich innig** im Miteinander zugleich.

Kritische Würdigung

- Der vorhandene **Raum** im Dachgeschoß der Personalentwicklung war **hervorragend** geeignet, da er es neben einer Plenums-Konfiguration mit Tischen und Leinwand, einen Stuhlkreis mit Flip-Chart und eine große freie Aktionsfläche für Pinnwände und Bewegungseinheiten bietet. Eine (mobile) Klimaanlage für den Sommer wäre wünschenswert.

- Die **instituts-, disziplin- und abteilungsübergreifende Zusammensetzung** der Teilnehmer erwies sich als sehr **fruchtbringend**, die **hierarchieübergreifende** nicht. Außerdem sollten nur Teilnehmer anwesend sein, die dieses Projekt freiwillig für ihre persönliche Weiterentwicklung wünschen. Der **persönlich richtige Zeitpunkt** sowie **Eigeninteresse sind wichtig.**

- **Seminartag 2** (Persönlichkeitsentwicklung) sollte **handlungs- und erlebnisorientierter** sein. Anmerkung: ist zwischenzeitlich komplett durch dass innovative Trainingskonzept EnneaMotion ersetzt.

- **Evaluationen** sollten **außerhalb der Seminarzeit** erfolgen, eventuell auch als Hausaufgabe für die Teilnehmer mit verbindlichem Abgabetermin.

- Die Kombination mit **Organisationskulturentwicklung** ist ein voller Erfolg gewesen, allerdings sollte diesem Modul ein **eigener Tag** eingeräumt werden.

- Sobald das **Gruppenbonding** erfolgt ist, sollte niemand mehr dazu kommen.

- Engere **inhaltliche Absprachen** zwischen Trainings- und Organisationsleitung im Vorfeld und während der Projektdurchführung wären wünschenswert.

- Das Projekt sollte insgesamt **weniger theoretischen Herleitungsinput** beinhalten und sich stattdessen mehr **auf die Anwendung konzentrieren,** damit der Selbstreflexion mehr Raum gegeben werden kann. Anmerkung: Die dahinter liegenden Theorien werden gerade in Publikationen ausgelagert für diejenigen, die sich im Selbststudium für Hintergründe interessieren und müssen damit nicht länger Seminarinhalte sein.

- **Organisatorische Feinplanung** bzgl. Raumservierungen, Terminabsprachen sowie Informationsfluss sollte gewährleistet sein, um Planungssicherheit für alle Beteiligten zu garantieren, sowie eine zügige und reibungsfreie Abwicklung des Projekts zu gewährleisten.

- **62,5 %** der Probanden waren der Meinung, dass dieses Projekt unbedingt in das **regelmäßige Fortbildungsangebot der Personalentwicklung am KIT** aufgenommen werden sollte. **37,5 %** waren der Meinung, dass dies unter gewissen Voraussetzungen erfolgen sollte und niemand wollte es gar nicht im Fortbildungsangebot sehen. Anmerkung: die ausführliche Studie mit allen Teilnehmerstimmen (ohne Namensnennung) und allen Daten kann unter info@pro-gramm.de angefordert werden.

- Ein **innovatives Projekt** an der Schwelle zu einem **integralen Zeitalter,** in dem es vor allem darauf ankommen wird, sich alle menschenmöglichen Blickwinkel zu erobern, in sich selbst zu harmonisieren und außerhalb in Arbeitskooperationen konstruktiv zu einem stimmigen Gesamtkonzept von ganzheitlicher Teambildung mit hoher Durchschlagskraft umzusetzen.

Stimmen der Probanden

„Im Verlauf des Seminars hat sich schnell eine vertrauensvolle Atmosphäre einge-stellt, in der gleichermaßen mit Spaß ernsthaft gearbeitet und auch persönliche Er-fahrungen ausgetauscht werden konnten."

„Unabhängig vom Fusionsprozess halte ich die Inhalte des Projekts für grundsätz-lich wertvoll für ergebnisorientierte und harmonische Zusammenarbeit von Mitar-beitern aller Ebenen. Ergo: Vielleicht eine abgespeckte Variante in das Standard-programm der PE!"

„Es fällt mir leichter, gewisse Verhaltensmuster bei mir und anderen zu erkennen und das dahinter liegende Grundbedürfnis zu durchschauen. So kann ich besser auf die Personen eingehen."

Die Anwendung der Methodik (Enneagramm) hat mich überzeugt, sodass ich mich auch außerhalb des Seminars noch intensiver mit dem Thema befasst habe."

„Durch das Kennen des Charaktermusters kann ich gelassener mit den Schwächen der anderen Person umgehen „Jeder darf so sein' war eine wichtige Botschaft des Seminars."

„Mir hat es viel gebracht und ich werde mich auch weiter mit dem Thema befassen."

„Im Coachingprozess hat sich eine sehr vertrauensvolle Arbeitsebene entwickelt, in der durch professionelle Gesprächsführung sehr persönliche Beziehungen aus dem Arbeitsumfeld analysiert wurden. Besonders gefallen hat mir, dass dieses Gespräch im Büro des Mitarbeiters, und damit in seinem direktem Arbeitsumfeld stattgefunden hat. Diese räumlich-thematische Verbindung speziell für die Coaching-Termine er-scheint mir wichtig."

„ Was ich an dem Projekt besonders geschätzt habe in der Beleuchtung des KIT Fu-sionsprozesses war die Ausarbeitung eines in meinen Augen sehr differenzierten Bil-des in Bezug auf die unterschiedlichen Unternehmenskulturen. Im Rahmen des Pro-jekts war der KIT-Fusionsprozess meines Erachtens zunächst nicht im unmittelbaren Fokus. Da die Diskussionen aber sehr gut angenommen wurden und zu einem sehr guten Gesamtbild (in der Kürze der Zeit!) führten, sollte diesem Aspekt durchaus mehr Raum gegeben werden"

„Abbildung der Mentalitäten GFB und UB auf dieses Modell → ergibt anderen Blickwinkel (vor allem weniger wertend)."

„Ich empfand es als hilfreich, das Pferd von der anderen Seite her aufzuzäumen', weil logische Beschreibung von Kommunikationsstilen ‚nach beschreibenden Krite-rien' nicht wirklich weiterhelfen für Alltagspraxis, das Wissen darüber bleibt mit dem ‚Enneagramm-Hintergrund-Modell' länger präsent (andere Halbwertszeit)."

LITERATURVERZEICHNIS

Herausgegeben im Auftrag der Bi-   Die Bibel mit Bildern von Marc Chagall,
schöfe von Deutschland, Österreich,   Augsburg 1994,
der Schweiz, Luxemburg, Lüttich   zitiert als: „Die Bibel 1994"
und Boden-Brixen:

Adler, Altred: Der Sinn des Lebens,
23. Auflage, Frankfurt am Main 2004

Adler, Alfred: Menschenkenntnis,
36. Auflage, Frankfurt am Main 2005,
zitiert als: „Adler 2005"

Aerni, Fritz: Lehrbuch der Menschenkenntnis,
3., verbesserte Auflage,
Waldshut-Tiengen 2003

Almaas A. H.:   Facetten der Einheit,
Zwickau 2004

Alznauer, Michael: Evolutionäre Führung,
Wiesbaden 2006

Aristoteles: Metaphysik,
hrsg. von Schwarz, Franz F., Stuttgart 1970,
zitiert als: „Aristoteles 1970"

Blake, Anthony G. E.:   Das intelligente Enneagramm,
Südergellersen 1993,
zitiert als: „Blake 1993"

Bleicher, Knut: Das Konzept Integriertes Management,
7., überarbeitete und erw. Auflage, Frankfurt a. M., 2004,
zitiert als: „Bleicher 2004"

Boëthius, Stefan   Die Typenlehre nach C. G. Jung.
In: Schimmel-Schloo / Seiwert, Offenbach 2002, S. 43 – 52,
zitiert als: „Boëthius, in: Schimmel-Schloo / Seiwert 2002".

Brandenburg, Uwe /   War for aged talents,
Domschke, Jörg P.   Wiesbaden 2006,
zitiert als: "Brandenburg / Domschke 2006"

Bronner, Rolf / Appel, Wolfgang /   Empirische Personal- und Organisationsforschung.
Wiemann, Volker: In: Lehr- und Handbücher der Betriebswirtschaftslehre,
hrsg. von Corsten, Hans, Oldenbourg 1999,
zitiert als: „Bronner / Appel / Wiemann 1999".

Dörffler, Johannes: Die Kunst der Menschenkenntnis,
Rastatt 1995,
zitiert als: „Dörffler 1995"

Dorsch: Psychologisches Wörterbuch,
14. völlig überarbeitete und erweiterte Auflage, Bern 2004,
zitiert als: „Dorsch 2004"

Fischer-Appelt, Bernhard:

Führen im Grenzbereich,
Wiesbaden 2006

Friedmann, Dietmar:

Die drei Persönlichkeitstypen und ihre Lebensstrategien - wissenschaftliche und praktische Menschenkenntnis,
Darmstadt 2000,
zitiert als: „Friedmann 2000"

Friedmann, Dietmar:

Denken, Fühlen, Handeln -
mehr Menschenkenntnis mit der 3-Typen-Lehre,
überarbeitete Neuausgabe, 4. Auflage, München 2004,
zitiert als: „Friedmann 2004"

Gramm, Sabine:

Das Enneagramm als praktisches Instrument beruflicher Persönlichkeitsprofilierung im Talent Management,
Projektbericht an der AKAD-Fachhochschule, Stuttgart 2006,
zitiert als: "Gramm 2006"

Gallen, Maria-Anne /
Neidhard, Hans:

Das Enneagramm unserer Beziehungen,
9. Auflage, Reinbek bei Hamburg 2005,
zitiert als: „Gallen / Neidhard 2005"

Geist, Jacqueline:

Das Hermann Brain Dominance Instrument (HBDI) und das
Whole-Brain-Modell. In: Simon, Offenbach 2006, S. 218 –
274, zitiert als: „Geist, in: Simon 2006".

Goldberg, Michael:

Die Persönlichkeitszahl im Beruf,
München 1998,
zitiert als „Goldberg 1998"

Grün, Anselm:

Wertschöpfung durch Wertschätzung.
In: Führung neu verorten, hrsg. von Harbig, Andreas J. / Klug,
Thomas / Bröcker, Monika, Wiesbaden 2007,
zitiert als: „Grün in: Harbig / Klug / Bröcker 2007".

Haecker, Jo von:

Enneagramm -
die neun Wege zu einem besseren Selbstverständnis,
München 2003

Harms, Stephan J.:

Menschenbilder und Typologie,
Stuttgart 2006,
zitiert als: „Harms 2006"

Hauer, Gabriele / Schüller, Achim /
Strasmann, Jochen:

Kompetentes Human Resources Management,
Wiesbaden 2002

Hauk, Freimut:

Lust an der Erkenntnis,
München 2003,
zitiert als: „Hauk 2003"

Hauser, Renate:

Neunmal klug statt einsam ratlos - das Enneagramm als
Schlüssel zum Erfolg in Partnerschaft und Beruf,
Düsseldorf, München 1995, zitiert als: „Hauser 1995"

Heidegger, Martin:

Sein und Zeit,
hrsg. von Edmund Husserl, 18. Auflage, Tübingen 2001,
zitiert als: „Heidegger 2001"

Helwig, Paul:

Charakterologie,
4. Auflage, Stuttgart 1965

Heimer, Bettina:

Die Entwicklung des Menschenbildes in der Ökonomie,
Diplomarbeit im Fachbereich Wirtschaftswissenschaften an der
Philipps-Universität Marburg, 1994,
zitiert als: „Heimer 1994"

Herrhausen, Alfred:

Denken-Ordnen-Gestalten,
Vorzugsausgabe für die Mitarbeiter der Deutschen Bank AG,
hrsg. von Kurt Weidemann, Berlin 1990

Hilb, Martin:

Integriertes Personalmanagement,
16. durchges. Auflage, Neuwied 2002

Hölzerkopf, Gerhard

Führung auf den Punkt gebracht,
Wiesbaden 2005,
zitiert als: „Hölzerkopf 2005"

Hofstede, Geert:

Lokales Denken, globales Handeln - Interkulturelle Zusammenarbeit und globales Management,
München 2006

Humboldt, Wilhelm von:

Anthropologie und Theorie der Menschenkenntnis,
hrsg. von Wagner, Darmstadt 2002,
zitiert als: „Humboldt 2002"

Hurrelmann, Klaus:

Einführung in die Sozialisationstheorie,
9. unveränderte Auflage, Weinheim, 2006

Jaxon-Bear, Eli:

Das spirituelle Enneagramm – Neun Pfade der Befreiung,
München 2003,
zitiert als: „Jaxon-Bear 2003"

Jung, Carl Gustav:

Psychologische Typen,
hrsg. von Marianne Niehus-Jung / Lena Hurwitz-Eisner / Franz
Riklin, 16. Auflage, Olten 1989,
zitiert als: „Jung 1989"

Kant, Immanuel:

Anthropologie in pragmatischer Hinsicht,
hrsg. von Wolfgang Becker, Stuttgart 1983,
zitiert als: „Kant 1983"

Kirchner, Baldur:

Benedikt für Manager - Die geistigen Grundlagen des Führens,
Wiesbaden 1994

Küstenmacher, Werner:

Von Reptilien und anderen Menschen.
In: Enneagramm Rundbrief, Jg 8, Nr. 14, Celle, Dezember
1998, zitiert als: „Küstenmacher 1998".

Mächler, Christoph:

Change Management mit dem Enneagramm,
München 1998,
zitiert als: „Mächler 1998"

Meyers Lexikonredation
(Hrsg.):

Enzyklopädisches Lexikon,
9. Auflage, Mannheim 1976,
zitiert als: „Meyers Enzyklopädisches Lexikon 1976"

Meyers Lexikonredaktion
(Hrsg.):

Meyers Großes Taschenlexikon in 25 Bänden,
Mannheim 2001,
zitiert als: „Meyers Großes Taschenlexikon 2001"

Naranjo, Claudio:

Das Enneagramm der Gesellschaft,
Petersberg 1998

Naranjo, Claudio:

Wandlung durch Einsicht,
Petersburg 1999

Niederwieser, Christof:

Über die magischen Praktiken des Managements.
In: Schriftenreihe Organisation & Personal, Bd. 11, hrsg. von
Neuberger, Oswald, München und Mering 2002,
zitiert als: „Niederwieser 2002".

Ouspensky, P. D.:

Auf der Suche nach dem Wunderbaren,
12. Auflage, Frankfurt am Main 2005,
zitiert als: „Ouspensky 2005"

Palmer, Helen /
Brown Paul B.:

Das Enneagramm im Beruf,
München 2000,
zitiert als: „Palmer / Brown 2000"

Palmer, Helen:

Das Enneagramm – Sich selbst und andere besser verstehen,
München 2000,
zitiert als: „Palmer 2000/1"

Palmer, Helen:

Das Enneagramm in Liebe und Arbeit,
München 2000,
zitiert als: „Palmer 2000/2"

Pervin, Lawrence A.:

Persönlichkeitstheorien,
vierte, völlig neu bearbeitete Auflage, München 2000,
zitiert als: „Pervin 2000"

Pinnow, Daniel F.:

Führen - worauf es wirklich ankommt,
Wiesbaden 2005

Riemann, Fritz:

Grundformen der Angst,
34. Auflage, München 2002,
zitiert als: „Riemann 2002"

Riso, Don Richard/
Hudson, Russ:

Die Weisheit des Enneagramms,
München 2000,
zitiert als: „Riso / Hudson 2000"

Rohr, Richard /
Ebert, Andreas:

Das Enneagramm – Die 9 Gesichter der Seele,
42. Auflage, München 2002,
zitiert als: „Rohr/Ebert 2002"

Rosenstiel, Lutz von /
Regnet, Erika:

Führung von Mitarbeitern,
hrsg. von Domsch, Michel, 5. überarbeitete Auflage, Stuttgart
2003, zitiert als: „Rosenstiel / Regnet 2003"

Schanz, Günther:

Personalwirtschaftslehre.
In: Handbücher der Wirtschafts- und Sozialwissenschaften,
3. neu bearbeitete und erweiterte Auflage, München 2000,
zitiert als: „Schanz 2000".

Schimmel-Schloo, Martina /
Seiwert, Lothar J.:

Persönlichkeitsmodelle – die wichtigste Modelle für Coaches,
Trainer und Personalentwickler, hrsg. von Wagner, Hardy,
Offenbach 2002,
zitiert als: „Schimmel-Schloo / Seiwert 2002"

Schirm, Rolf W.:

Die Biostruktur-Analyse 1 – Schlüssel zur Selbsterkenntnis,
20. Auflage in völliger Neubearbeitung, CH-Baar 1997,
zitiert als: „Schirm 1997"

Schirm, Rolf W.:	Die Biostruktur-Analyse – Grundlagen, 5. Auflage, CH-Baar 1998, zitiert als: „Schirm 1998"
Schirm, Rolf W.:	Die Biostruktur-Analyse 2 – Schlüssel zur Menschenkenntnis. 10. überarbeitete Auflage, CH-Baar 1999, zitiert als: „Schirm 1999".
Schoemen, Juergen:	Die Biostruktur-Analyse mit Structogram und Triogram. In: Simon, Offenbach 2006, S. 342 – 354, zitiert als: „Schoemen, in: Simon 2006".
Schulz von Thun, Friedemann:	Miteinander Reden 1 – Störungen und Klärungen, Sonderausgabe, Reinbek bei Hamburg 2006, zitiert als: "Schulz von Thun 2006/1, Band 1".
Schulz von Thun, Friedemann:	Miteinander Reden 2 – Stile, Werte und Persönlichkeitsentwicklung, Sonderausgabe, Reinbek bei Hamburg 2006, zitiert als: „Schulz von Thun 2006/1, Band 2"
Schulz von Thun, Friedemann:	Miteinander Reden 3 – Das „innere Team" und situationsgerechte Kommunikation, Sonderausgabe, Reinbek bei Hamburg 2006, zitiert als: „Schulz von Thun 2006/1, Band 3"
Schulz von Thun, Friedemann:	Klarkommen mit sich selbst und anderen: Kommunikation und soziale Kompetenz, 2. Auflage, Reinbek bei Hamburg 2006, zitiert als: „Schulz von Thun 2006/2"
Schulz von Thun, Friedemann:	Kommunikationspsychologie für Führungskräfte, 5. Auflage, Reinbek bei Hamburg 2006, zitiert als: „Schulz von Thun 2006/3"
Simon, Walter (Hrsg.):	Persönlichkeitsmodelle und Persönlichkeitstests, Offenbach 2006, zitiert als: „Simon 2006"
Stopp, Udo:	Praktische Betriebspsychologie, 12. Auflage, Renningen 2004, zitiert als: "Stopp 2004"
Thomann, Christoph / Schulz von Thun, Friedemann:	Klärungshilfe 1, 3. Auflage, Reinbek bei Hamburg 2006, zitiert als: „Thomann / Schulz von Thun 2006"
Thomann, Christoph:	Klärungshilfe 2 – Konflikte im Beruf, vollständig überarbeitete und erweiterte Neuausgabe, Reinbek bei Hamburg 2004, zitiert als: „Thomann 2004"
Tödter, Ulf / Werner, Jürgen:	Erfolgsfaktor Menschenkenntnis, Cornelsen Verlag, Berlin 2006, zitiert als: „Tödter / Werner 2006"
Volkamer, Klaus / Streicher, Christoph / Walton, Ken G.:	Intuition, Kreativität und ganzheitliches Denken - Neue Wege zum bewussten Handeln, Heidelberg 1991

Vollmar, Klausbernd:	Das Enneagramm – Praktische Lebensbewältigung mit Gurdjeffs Typenlehre, München 1995, zitiert als: „Vollmar 1995"
Vollmar, Klausbernd:	Das Arbeitsbuch zum Enneagramm, Amsterdam 2001, zitiert als: „Vollmar 2001"
Wagner, Hardy:	Marktgängige Persönlichkeitsanalyse-Konzepte – ein Überblick. In: Schimmel-Schloo / Seiwert 2002, S.13 – 32, zitiert als: „Wagner, in: Schimmel-Schloo / Seiwert 2002".
Watzlawick, Paul:	Anleitung zum Unglücklichsein, 19. Auflage, Piper Verlag, München 1999,
Watzlawick, Paul:	Die Möglichkeit des Andersseins, 5., durch ein neues Vorwort ergänzte Auflage, CH-Bern 2002
Weißenrieder, Jürgen / Kösel, Marijam:	Nachhaltiges Personalmanagement, Wiesbaden 2005, zitiert als: „Weißenrieder / Kösel 2005"
Weischedel, Wilhelm:	Die philosophische Hintertreppe, 34. Auflage, München 2005, zitiert als: „Weischedel 2005"
Wentzel, Bettina:	Der Methodenstreit. Ökonomische Forschungsprogramme aus der Sicht des Kritischen Rationalismus. In: Europäische Hochschulschriften, Reihe V, Volks- und Betriebswirtschaft, Frankfurt am Main 1999, zitiert als: „Wentzel 1999".
Wenzel, Matiaske / Mellewigt, Thomas	Empirische Organisations- und Entscheidungsforschung, hrsg. von Stein, Friedrich A., Heidelberg 2000
Werner, Helmut:	Lexikon der Numerologie und Zahlenmystik, Köln 2006, zitiert als: „Werner 2006"
Winkler, Werner:	Lehrbuch Psychographie: Menschenkenntnis mit System, Fellbach 2001, zitiert als: „Winkler 2001"
Wirth, Bernhard P.:	Alles über Menschenkenntnis, Charakterkunde und Körpersprache, 5. Auflage, Heidelberg 2006
Wöhe, Günter	Einführung in die Allgemeine Betriebswirtschaftslehre, 21., neubearbeitete Auflage, München 2002, zitiert als: „Wöhe 2002"
Wolinsky, Stephen:	Jenseits des Enneagramms – Der Weg des Menschen in der Quantenpsychologie, Freiburg i.Br. 1998
Wunderer, Rolf / Sabina von Arx:	Personalmanagement als Wertschöpfungscenter, 3., aktualisierte Auflage, Wiesbaden 2002, zitiert als: "Wunderer / Arx 2002"

Zellweger, Hansruedi: Leadership by Soft Skills,
                               Wiesbaden 2004

INTERNET

Bartram, Dave: Independent Researchers Conclude First Validation Study of
                               the Enneagramm System,
                               www.enneagraminstitute.com/articles/SHLrelease_full.asp,
                               Abrufdatum: 10.07.07, Ausdruckdatum: 10.07.07

Lendt, Holger: Das Enneagramm – Validierung einer Typenlehre im psycho-
                               logischen Testverfahren.
                               In: Universitätsklinikum Hamburg-Eppendorf,
                               zpm.uke.uni-hamburg.de/4DACTION/W_
                               mitarbeiter_detail?L=P1&mrn=328&trn=83&tn=5,
                               Abrufdatum: 10.07.07, Ausdruckdatum: 10.07.07.

Salzwedel, Martin: Das Enneagramm im Managementtraining,
                               www.motivatoren.de/pdf/Martin-Salzwedel_Enneagramm-im-
                               Managementtraining.pdf,
                               Abrufdatum: 17.05.07, Ausdruckdatum: 17.05.07,
                               zitiert als: „Salzwedel 2007"

Schulze, Eric / Tomas, Tina: The Enneagramm and Brain Chemistry,
                               www.enneagraminstitute.com/articles/NArtTina.asp,
                               Abrufdatum: 10.07.07, Ausdruckdatum 10.07.07

SONSTIGE QUELLEN

Enneagramm Rundbrief   Rundbrief des Ökumenischen Arbeitskreises Enneagramm,
                               8. Jahrgang, Nr. 13, Celle, Juli 1998

Enneagramm Rundbrief   Rundbrief des Ökumenischen Arbeitskreises Enneagramm,
                               8. Jahrgang, Nr. 14, Celle, Dezember 1998

EnneaForum   Rundbrief des Ökumenischen Arbeitskreises Enneagramm,
                               16. Jahrgang, Nr. 30, Celle, November 2006

Gramm, Gerhard: Mitschrift zum Telefon-Interview Ettlingen – Tiefenbronn,
                               01.06.2007, zitiert als: „Gramm, Mitschrift zum Interview
                               2007."

Schulz von Thun, Friedemann: Mitschnitt zum persönlichen Interview, Universität Hamburg,
                               01.11.2006, zitiert als: „Schulz von Thun, Mitschnitt zum In-
                               terview 2006".